Dieter Hornemann

GEHEIMNISVOLLES AFRIKA

Anthroposophische Arbeit im Urwald

Dieter Hornemann

Geheimnisvolles Afrika

Anthroposophische Arbeit im Urwald

Flensburger Hefte Verlag

Die Deutsche Bibliothek – Cip-Einheitsaufnahme

Hornemann, Dieter:
Geheimnisvolles Afrika : anthroposophische Arbeit im Urwald / Dieter Hornemann. – Flensburg : Flensburger-Hefte-Verl., 1994

ISBN 3-926841-60-5

Fotos: Dieter Hornemann

Satz: Flensburger Hefte
Druck: Druckzentrum Harry Jung, Flensburg

Inhalt

Wie alles begann

Der Waldorflehrer Hans Gilck und ich hatten 1980 eine Reihe von Jugendabenden unter dem Thema „Fremde Länder, fremde Völker“ begonnen. Wir luden Gäste ein, die aus ihrer Heimat berichteten. In dieser Zeit kam an die Waldorfschule Stuttgart-Kräherwald ein Anruf von Familie Hosch aus Stuttgart-Botnang. Sie hätten bei sich einen Asylsuchenden aus Ghana, der einsam sei. Ob es nicht in der Waldorfschule jemanden gäbe, der zu Afrika eine Verbindung habe. So kam Kofi Edusei zu uns.

Nach drei Jahren intensiver Bekanntschaft schenkten wir ihm den „Landwirtschaftlichen Kurs“ von Rudolf Steiner und vermittelten ihm einen Studienplatz in England am Emerson College. Von dort kehrte er in seine Heimat zurück, um die neuen Impulse dorthin zu tragen.

1989 kam plötzlich ein Anruf, er sei wieder in Deutschland. Er hatte einen Preis als bester Farmer des Jahres gewonnen. Der Preis war eine Woche Deutschland. So konnten wir die Verbindung wieder auffrischen. Damals lud er Hans Gilck und mich ein, im April 1990 nach Ghana zu kommen zur Einweihung des Landes, das er mittlerweile bekommen hatte. – Dies war der erste Besuch in einer völlig anderen Welt, in einem Teil Afrikas, der noch fast gänzlich unberührt ist. Im September 1992 ergab sich die Gelegenheit zu einem zweiten, diesmal längeren Besuch. Hiervon handelt der Bericht.

Stuttgart, im März 1994
Dieter Hornemann

Aus der Geschichte Ghanas

Das heutige Land Ghana als unabhängige Republik gibt es seit 1957. Damals wurde die britische Kronkolonie „Goldküste" von Kwame Nkrumah (1909–1972) als erster afrikanischer Kolonialstaat südlich der Sahara in die Unabhängigkeit geführt. Durch das ganze 19. Jahrhundert hindurch zogen sich die Auseinandersetzungen der Briten mit dem Volk der Ashanti in insgesamt sieben Kriegen. 1874 wurde die Goldküste zur britischen Kronkolonie erklärt. Aber erst 1901 konnte der letzte Widerstand der Ashanti gebrochen werden.

Die Goldküste war schon Jahrhunderte vorher wegen ihres Reichtums an Gold und Elfenbein ein von den Europäern umworbenes Gebiet. 1482 gründeten die Portugiesen eine erste Niederlassung, 1631 von den Engländern und 1650 von den Holländern gefolgt. 1652 traten die Schweden hinzu, 1659 die Dänen, 1683 vorübergehend sogar die Brandenburger und Kurländer.

Der Goldhandel war die eine Quelle des Reichtums an der Goldküste. Die Portugiesen, die durch den Vertrag von Tordesillas 1494 von Papst Alexander VI. das Handelsmonopol für Westafrika erhielten, verschifften alljährlich riesige Mengen Gold in ihre Heimat. Die Förderung entsprach im 16. Jahrhundert etwa 10 % der damaligen Goldproduktion der Welt.

Zum Goldhandel trat mehr und mehr der Sklavenhandel hinzu. Die befestigten Handelsniederlassungen der Europäer wurden zu Sklavenumschlagsplätzen. Die wachsende Nachfrage nach Arbeitskräften auf den Baumwoll- und Rohrzukkerplantagen Amerikas machte die Menschenjagd immer brutaler. Die Zulieferung der Sklaven lag ausschließlich in afrikanischen Händen, besonders in denen der Ashanti und der Küstenstämme Ahanti und Fante. Bis zur Mitte des 19. Jahrhunderts wagten sich die Europäer kaum in das Hinterland und beschränkten sich auf den Handel von ihren Forts aus.

Von den insgesamt etwa 6 Millionen Sklaven, die aus afrikanischen Häfen verschifft wurden, sollen allein eine halbe Million von der Goldküste stammen. Hinzu kam der unermeßliche Schaden, der durch die Überfälle und die allgegenwärtige Angst angerichtet wurde.

Auch die immer wieder aufflackernden Kriege zwischen Fante und Ashanti hatten ihre Ursache im Tauschhandel mit den europäischen Forts. Die Fante hatten es immer wieder verstanden, den Ashanti den Zugang zur Küste zu versperren. Bereits der Asantehene (König) Osei Kodjo (1765–1777) unternahm den Versuch, diese Sperre zu durchbrechen. Während sein Nachfolger Osei Kwame (1777–1801) sich besonders um die Befestigung des Ashantireiches verdient machte, führte Osei Bonsu (1801–1824) die Ausdehnungspolitik weiter fort. 1806 schlug er die Fante bei Abora vernichtend, eroberte das holländische Fort Kormantin und verfolgte die flüchtenden Fante bis Anomabu. 1814 gelang ihm die vollständige Unterwerfung der Küstenstämme.

Die Zeit der Aufklärung am Ende des 18. Jahrhunderts führte zur öffentlichen Empörung über den unmenschlichen Sklavenhandel. So untersagten ihn Dänemark 1804 und England 1808, gefolgt von Holland 1814. Das traf die Handelsleute an der Goldküste hart. Die Exporterlöse von 1,5 Mio. Pfund im Jahre 1806 gingen auf 600.000 Pfund im Jahre 1810 zurück.

Kwame Nkrumah gab dem Land den Namen Ghana nach einem mächtigen Reich in Westafrika, das im 4. oder 5. Jahrhundert begründet wurde und im 11. Jahrhundert eine große Hochblüte hatte. Nkrumah orientierte sich mehr und mehr an marxistischen Ländern. Als er 1966 zu einem Besuch in China weilte, übernahm das Militär die Macht. Seither ist Ghana durch wechselnde Regime von der einstigen Musterkolonie der Briten zu einem Entwicklungsland geworden, das durch Korruption, starkes Wachstum der Bevölkerung (2–3 % jährlich) und ökologische Zerstörung mit vielfältigen Problemen zu ringen hat.

Im heutigen Staat Ghana leben Menschen aus etwa 100 verschiedenen Volksgruppen. Sie unterteilen sich in Angehörige zweier großer Sprachfamilien, die Gur- und die Kwa-Sprachgruppe. Die ersten leben im Norden des Landes und haben den Islam angenommen. Die Kwa-Sprachigen leben im südlichen Teil und sind weitgehend christlich. Das größte Volk ist das der Akan. In ihm ist der Stamm der Ashanti der größte. Das Zentrum der Ashanti-Region mit dem Sitz des Königs ist Kumasi, 400 km nördlich von der Atlantikküste entfernt. Etwa 60 km westlich von Kumasi liegt Saakrom, ein kleines Urwalddorf. Dort entsteht *Crudof,* das *Centre for rural development and organic farming*. Davon soll in diesem Bericht erzählt werden.

Afrika-Tagebuch

Sonntag, 30. August 1992

Auf dem Flugplatz London-Gatwick beginnt bereits Afrika. Inmitten einer großen Menge lachender geschäftiger Ghanaer warte ich auf das Check in für den Flug nach Accra. Eine Frau mit einem winzigen, zehn Wochen alten Säugling sitzt neben mir. Sie kommt aus Ghana, hat in Bochum Medizin studiert und arbeitet schon 14 Jahre in Bern als Anästhesistin. Nun hat sie ein erstes Kind und kann es nicht erwarten, es ihren Verwandten zu Hause zu zeigen. Ich frage sie, ob es denn schon getauft sei. Sie fragt zurück: „Are you a priest?" Wir kommen über Christengemeinschaft und Anthroposophie ins Gespräch. Sie hat bereits flüchtig davon gehört. Ihr sei der Gedanke, nicht nur diesmal zu leben, ganz vertraut, sagt sie. So wie Kleiderwechseln. Besonders schön fände sie die Aussicht, auch einmal als Mann zu leben.

In Accra empfängt uns die tropische Schwüle. Hunderte von Menschen umlagern den Ausgang des Flugplatzes. Erst finde ich Kofi Edusei nicht, allein wäre ich hier verloren.

Aber dann höre ich meinen Namen rufen. Ein herzliches Wiedersehen. Er stellt mir einen jungen Arzt vor, der sich mit dem Gedanken trägt, in Crudof mitzuarbeiten.

Montag, 31. August 1992

Nachdem wir bei einer Schwester von Kofi in Accra übernachtet haben, brechen wir um 6.00 Uhr auf, um mit einem kleinen vollgestopften Bus in das etwa 320 km entfernte Kumasi zu fahren. Der Bus wird von vielen Frauen und Kindern umschwärmt, die aus Körben, die sie auf dem Kopf tragen, alles mögliche zum Verkauf anbieten. Von hartgekochten Eiern über Seife bis zu kaltem Wasser in kleinen Plastiktüten ist alles vertreten. Ich frage nach der Abfahrtszeit. – „Der Bus fährt ab, wenn er voll besetzt ist“, lautet die Antwort.

Vorn im Bus steht ein Händler, der mit großer Überredungskunst eine Arznei anpreist und schließlich durch einen ihn befriedigenden Verkaufserfolg belohnt wird. Vor der Abfahrt steigt er aus und wird von einem seriösen Herrn mit schwarzem Buch abgelöst. Dieser erweist sich sogleich als gewandter Prediger, der mit mächtiger Stimme das Geklapper des alten Fahrzeuges übertönt. Zwischendurch öffnet er seine Bibel und sagt Worte wie: „First Peter, Chapter 2, Verse 4 and 5.“ Sonst spricht er Ashanti, eine der drei völlig verschiedenen Sprachen Ghanas. Englisch ist die Landessprache, aber lange nicht alle sprechen es. Unter den älteren Menschen finden sich auch noch viele Analphabeten. Nach halbstündiger Predigt, Halleluja und Amen sammelt der Prediger ein. Es fließt reichlich, so daß er zufrieden lachend aussteigt.

Von Kumasi geht es zwei Stunden auf abenteuerlichen Pisten in den Urwald. Ein Fahrzeug der katholischen Mission nimmt uns mit sich. Auf den Laderaum steigen unterwegs noch viele Kinder. Ich stehe Ängste aus, eines könnte bei der rasenden Fahrt herunterfallen. Doch sie lachen nur und lassen sich hin- und herschütteln.

Der Empfang in Saakrom ist überaus herzlich. Mein erster Blick fällt auf die inzwischen erbaute Zisterne am Schulgebäude. Crudof steht mit großen Buchstaben darauf geschrieben. The old man, der alte Stiefvater von Kofi, er ist mit 89 Jahren der Älteste im Dorf, umarmt mich als alten Freund.

Der Besuch vor zwei Jahren ist unvergessen, und so gehöre ich schon richtig zur Familie. Familie ist übrigens hier ein dehnbarer Begriff. Kofis Vater war ein weithin berühmter Kräutersammler und Priester der alten Naturreligion – das Christentum kam erstmalig 1961 nach Saakrom –, er hatte drei Frauen und 26 Kinder. So ist die Familie praktisch allumfassend.

Es sind mehrere Hütten um einen Innenhof gebaut, in dem sich das ganze Leben abspielt. Eine solche Hütte wird mir zugewiesen. Über dem liebevoll hergerichteten Bett hängt das Moskitonetz, das ich letztes Mal mitgebracht und hiergelassen habe.

Den ganzen Tag über habe ich keinen Weißen gesehen, fast so wird es bleiben während der vier Wochen. Das Rassenproblem zeigt sich zunächst einmal als Frage der Gewohnheit. Wir finden das normal, was wir gewohnt sind. Hier erscheint es mir nach kurzer Zeit bereits als das Normalste von der Welt, daß der Mensch eine dunkle Hautfarbe hat. Nach einer Weile fängt man an, deutlicher die einzelnen zu sehen. Und es ist wie überall auf der Welt: da sind die Gesichter, die die Seele offenbaren, und die anderen, die nur den Typus zeigen.

Dienstag, 1. September 1992

Der erste Weg führt uns zum Centre for rural development and organic farming – Crudof – und dort zur Wasserpumpe. Aus 23 m Tiefe kommt köstliches kühles Wasser in ausreichender Fülle. Zusammen mit Zisternen löst dieser Brunnen das Wasserproblem des Dorfes.

Bisher wurde alles Wasser aus dem kleinen Bach geholt. Wurmkrankheiten waren die Folge. Jetzt sehe ich morgens um 6.00 Uhr schon die ganze Prozession der Kinder mit Eimern und Schüsseln auf dem Kopf, um ihre Familie mit gutem Trinkwasser für den Tag zu versorgen. Nur Waschwasser und Wasser zum Kochen wird noch aus dem Bach geholt.

Es berührt mich wie ein besonders schönes Zeichen, daß der Kingfisher, der tropische Bruder unseres Eisvogels, direkt

Einige Mitarbeiter an der Wasserpumpe

am Brunnen in einer Höhle brütet. So sieht man ihn manchmal wie einen blauen Blitz vorüberschießen.

Jetzt gilt es, die umliegenden Dörfer auch an diesem Reichtum teilhaben zu lassen. 3.500 DM kostet so ein Brunnen, und 1.000 DM sind für den Bau einer Zisterne nötig.

Fast 9 ha ist das Crudof-Gelände groß. Für nur 3.000 DM konnte es von Kofi vor drei Jahren erworben werden. Die Häuptlinge brauchten Geld für den Bau eines neuen Palastes in Kumasi. So gaben sie dieses Waldstück zum Verkauf frei. Es gab viele Bewerber, auch finanzkräftigere. Doch der einflußreichste unter den Häuptlingen entschied für Kofi. Ihm gefällt das, was darauf geplant ist.

Kurze Zeit vorher war Kofi zum besten Farmer des Jahres gewählt worden. Preis: eine Woche Deutschland. So war er vor vier Jahren völlig überraschend in Stuttgart aufgetaucht, das er 1983 in Richtung Emerson College in England verlassen hatte, da seine Zeit als Asylsuchender vorüber war. In Ghana hatte die Regierung gewechselt.

Vor zwei Jahren hatte er Hans Gilck und mich zu einem kurzen Besuch gebeten, um bei der Einweihung des Geländes anwesend zu sein. Das war ein feierlicher Akt in der Morgenfrühe mit einem Trankopfer für Mutter Erde und einem Gebet zum Vater im Himmel. Damals hatten wir eine Palme als wachsendes Symbol gepflanzt. Jetzt ist ein Teil des Geländes bereits ein wunderschöner Gemüsegarten geworden. Es ist ein besonders stiller Ort. Jeder, der hinkommt, bemerkt dies. Von der Stimmung unserer kleinen Einweihungsfeier hat sich ihm offenbar etwas mitgeteilt und ist geblieben.

Die Fruchtbarkeit ist umwerfend. Gurken, Tomaten, Bohnen, lauter vor Gesundheit strotzende Pflanzen. Auf Kofis Bitte hin brachte ich ihm zwei kleine Beinwell-Pflanzen mit. Er will sie als Kompostpräparat einsetzen. Von der Fahrt arg welk geworden, wurden sie gestern noch sofort eingepflanzt. Ich gab ihnen kaum noch Überlebenschancen. Aber schon heute haben sie sich sichtbar erholt und heben ihre Blätter.

Überall ist Kompost. Einerseits eine ganze Anzahl fachgerecht aufgeschichteter Haufen, andererseits Flächenkompost, großflächig verrottende Mengen organischen Materials. Dadurch hat sich die Humusschicht in zwei Jahren bereits mehr als verdoppelt. In diesem Riesen-Treibhaus geht das alles enorm schnell. Ein idealer Ort, um Experimente mit biologisch-dynamischen Anbaumethoden zu unternehmen.

Durch die englischen Kolonialherren eingeführt, hieß die Losung slash and burn, fälle den Wald und brenne ihn nieder. Durch die Asche als intensivem Dünger hatte man zunächst Rekordernten. Da das Feuer aber die Mikroorganismen im Boden zerstört, wurde er nach zwei, drei Jahren so kümmerlich, daß man neuen Wald zum Verbrennen brauchte. So hat man den Urwald immer weiter zurückgedrängt. – Jetzt breitet sich durch das neue Beispiel slash and rot aus.

Man läßt die abgeschlagenen Bäume verrotten. Im ganzen Umkreis sah ich keine Brandrodung mehr. Im übrigen Land allerdings trifft man noch überall auf die Rauchschwaden der Brandrodung.

Abends sitze ich bei Kerzenschein und schreibe. Elektrizität gibt es nicht. Um 18.30 Uhr ist es bereits dunkle Nacht. Die mitgebrachten Reste der Altarkerzen aus Stuttgart tun gute Dienste. Um meinen Tisch stehen etwa 15 Kinder, schauen mich mit ihren reinen Augen an und flüstern, um nicht zu stören. – Mir fällt der Apfel ein, den ich noch in der Reisetasche habe. Er wird hervorgeholt, in viele dünne Scheiben geschnitten und andächtig verzehrt.

Mittwoch, 2. September 1992

Während der Nacht kam eine junge Nachbarin in Kindsnöte. Da es ihre erste Geburt ist und Komplikationen zu befürchten sind, entscheidet die traditionelle Geburtshelferin des Dorfes, sie müsse zur nächsten Krankenstation gebracht werden. Etwa 30 Leute begleiten sie und fahren sie abwechselnd auf einer Schubkarre die 16 km zur Krankenstation. Zum Glück treffen sie die Krankenschwester dort an, die eine helfende Spritze geben kann. Das Kind kommt zur Welt und wird von seiner Mutter auf dem Arm noch am selben Tag nach Hause getragen.

Zur Zeit ist es für tropische Verhältnisse erstaunlich kühl, morgens nur 24 °C. Nachts habe ich sogar etwas gefroren.

Besonders schön ist die Morgenzeit. Um 3.00 Uhr pünktlich beginnen bereits die ersten Hähne zu krähen. Da sie im gleichen Haus wie die Menschen leben, ist das ziemlich wirkungsvoll. Um 5.30 Uhr beginnt es hell zu werden. Die tropische Nacht mit ihren vielen Stimmen geht nach kurzer Dämmerung in den hellen Tag über. Um 5.00 Uhr hört man einen Mann durch das Dorf laufen und laut rufen. Kofi erklärt mir später, da habe einer für das Dorf gebetet. – Er zeigt mir eine schöne Landkarte. Dort ist eingezeichnet, welche Initiativen auf dem Gelände von Crudof geplant sind. Eine Schmiede, eine Holzwerkstatt, eine Nähstube, ein Platz für Bienenzucht, eine Schule, eine Krankenstation, eine Kirche, Gartenbau und Landwirtschaft, Wohnhäuser. Vier der älteren Mitarbeiter sind schon in Ausbildung, um dann als Unterrichtende arbeiten zu können. Sechs Jugendliche warten auf eine Ausbildungsmöglichkeit und arbeiten mit, wie in einer großen Familie.

Donnerstag, 3. September 1992

In diesen Tagen ist ganz Ghana mit einer aufregenden Geschichte beschäftigt. Nana Drobo ist tot aufgefunden worden, offensichtlich hat er sich in den frühen Morgenstunden selbst erschossen. Dieser Nana Drobo war eine der bekanntesten Persönlichkeiten des Landes. Im Laufe des vergangenen Jahres wurde fast täglich in den Zeitungen über ihn berichtet. Hatte er doch ein Mittel gegen Aids gefunden und bereits sieben Kranke geheilt, auch ein Deutscher war darunter. Mitte August war er nach Japan eingeladen worden. Als er sein Rezept nicht verraten wollte, versuchte man, ihn zu vergiften. Aber das Glas mit dem Gift zersprang in seiner Hand. So stark war er, sagt man hier. Kaum aber war er zu Hause zurück, erschoß er sich selbst und nahm sein Rezept mit ins Grab. Nun rätseln alle über die Ursache seines Todes.

Wer war dieser Nana Drobo? Er lebte nicht sehr weit von Saakrom in einem Urwalddorf. Sein Vater war Medizinmann. Von ihm lernte er dieses Handwerk und galt, obgleich erst 39 Jahre alt, als der beste aller Heilkundigen. Kofi kannte und bewunderte sein Können und seine Fähigkeiten. Im Gegensatz zu allen anderen traditionellen Heilern konnte er auch lesen und schreiben und besuchte eine weiterführende Schule. Er wollte die uralte Heilkunde mit moderner Wissenschaft verbinden. Doch dann begann sein Unglück mit der Entdekkung des Aids-Heilmittels. Denn er wich von einem heiligen Grundsatz aller Heiler ab. Die Heilkräuter sind Gaben Gottes. Deshalb verlangt der Heiler nichts und lebt von freien Gaben. Er aber ließ sich seine Aids-Heilungen reichlich bezahlen.

In das Dorf kam großer Umtrieb. Er selbst fuhr einen schweren Mercedes. Zeitungsreporter kamen ins Dorf. Fast kein Tag verging, an dem nicht über ihn geschrieben wurde. Viel Kritik wurde laut, der ganze Medienrummel solle endlich aufhören, man solle ihn heilen lassen. Von überall her kamen Aids-Kranke in verzweifelter Hoffnung. Diese ist nun zerstört. Es bleibt das Rätsel seines Todes.

Freitag, 4. September 1992

Wir besuchen unseren alten Freund, den Medizinmann im Nachbardorf. Ein schlichter Mensch mit feiner Herzensbildung, 65 Jahre alt, Vater von 12 Kindern. Das Gespräch kommt natürlich sogleich auf Nana Drobo und sein geheimnisvolles Sterben. Er sagt, es seien dunkle Kräfte am Werk gewesen, die ihn zum Selbstmord gezwungen hätten. Angreifbar aber sei er dadurch geworden, daß er Reichtum erstrebt habe.

Der Medizinmann begrüßt mich sehr herzlich. Seine Frau, seine Kinder und Enkel scharen sich um ihn, während wir zusammen sprechen. Kofi übersetzt aus dem Ashanti ins Englische. Allerdings sagt er oft bedauernd, die bilderreiche, schöne Sprache des Kräutersammlers könne er im Englischen gar nicht recht wiedergeben.

Nachdem wir unseren Begrüßungsbesuch beendet hatten, schieden wir mit seiner Zusicherung, bald wiederzukommen, um auf alle Fragen zu antworten.

Der Medizinmann im Kreis seiner Familie

Natürlich bewegt mich die Frage sehr, ob hier eines Tages eine Christengemeinschaft entstehen könne. Beim ersten Besuch war ich mir ganz sicher, daß das noch lange nicht in Frage kommen könnte. Jetzt fange ich an, differenzierter darüber zu denken. Wie schon gesagt, kam das Christentum erstmalig 1961 nach Saakrom. Ein methodistischer Missionar kam und fing mit einer Schule an. Er ging von Haus zu Haus, um die Kinder zum Schulbesuch einzuladen. So kamen Lesen und Schreiben und auch der Anfang einer christlichen Gemeinde nach Saakrom. Heute gibt es hier sechs verschiedene christliche Gemeinden und einige wenige Moslems. Außerdem eine Anzahl Menschen, die zu keiner Religionsgemeinschaft gehören.

Über dem Ort liegt eine durchaus spirituelle Atmosphäre, die Welt der Elementarwesen ist reich und lebendig.

An dieser Stelle möchte ich eine eindrucksvolle Begebenheit einschalten, bevor wir der aufgeworfenen Frage weiter nachgehen.

Einweihung – afrikanisch

Im Jahr 1975 hat sich folgende Geschichte zugetragen – ich würde sie nicht weitergeben, wäre sie mir nicht von mehreren, wirklich vertrauenswürdigen Augenzeugen erzählt worden:

Ein 16jähriger Junge aus Saakrom ging in den Wald zur Arbeit. An dem kleinen Flüßchen, unweit des Dorfes, wollte er trinken. Da sah er plötzlich Früchte liegen, die ihm vorher nicht aufgefallen waren. Er aß von ihnen und sank ohnmächtig nieder. Als er wieder zu sich kam, ging er nach Hause und erzählte zwei Freunden davon. Er sagte ihnen, er wolle ihnen diese besonderen, leckeren Früchte zeigen.

Als sie zusammen an das Flüßchen kamen, lagen die Früchte noch dort. Er schlug den Freunden vor, gemeinsam davon zu essen. Ihnen war es unheimlich zumute, sie wollten nichts nehmen. Er aß vor ihren Augen und wurde plötzlich von einer unsichtbaren Kraft gezogen. Er schrie, sie rannten ihm nach, aber plötzlich sahen sie ihn nicht mehr.

Die beiden Freunde rannten, so schnell sie konnten, ins Dorf zum Häuptling. Der schickte sogleich seinen Boten mit dem Gong-gong herum. Als alle zusammengetrommelt waren, ging das ganze Dorf gemeinsam auf die Suche in den Wald, zwei Tage lang – erfolglos. Auch die Polizei wurde verständigt.

Nach drei Tagen war der Vermißte plötzlich wieder da – glückstrahlend. Er erzählte von einem wunderbaren Ort, an dem er sich befunden habe. So lieb und freundlich seien sie dort gewesen, daß er bestimmt wieder zurückkehre. Man fragte ihn, was er gegessen habe. Er sagte: „Nichts – dort war ich überhaupt nie hungrig!“

„Sie brachten mich durch ein herrliches großes Tor in eine gänzlich andere Welt. Dort herrschte tiefe Stille, die durch einen wundersamen Glockenton noch gesteigert wurde. Sie waren ganz besonders. Ihr könnt es euch gar nicht vorstellen!“ – So und mit ähnlichen Worten erzählen die Dorfbewohner, was er damals zu ihnen sprach.

Die Leute sagten schon, er sei bei den Zwergen gewesen. Man bewachte ihn nun, um ihn daran zu hindern, zurückzugehen. Doch es kam der unbewachte Augenblick, in dem es ihm gelang, zu entkommen. Diesmal suchte ihn das ganze Dorf vier Tage lang. Schließlich fanden sie seine Kleider ordentlich zusammengelegt etwa 5 km vom Dorf entfernt.

Zehn Tage danach kam er zurück. Gesund, strahlend, schön gekleidet. Die ersten Worte, die er sagte, waren: „Sie haben mich für eine Aufgabe vorbereitet.“ Sie fragten ihn natürlich sogleich nach Einzelheiten. Und er erzählte, wie ihn jene dort sieben Tage lang unterrichtet hätten. Jeden Tag sei ein anderer gekommen, ihn zu belehren: am ersten Tag über die Wirkung der Heilkräuter, am zweiten über den menschlichen Körper, am dritten über die kindliche Konstitution, am vierten über Frau und Mann, am fünften über die Tiere, am sechsten über die Pflanzen, am siebten über die Elemente. Danach sei er in diese Welt zurückgekommen und habe drei Tage lang den Weg zum Heimatdorf suchen müssen.

Vom Tag seiner Heimkehr an besaß er wunderbare Heilkräfte. Sogar einem alten Mann im Dorf, der bereits 20 Jahre blind war, gab er das Augenlicht zurück.

Es konnte nicht ausbleiben, daß er berühmt wurde. Zeitungsleute kamen, von überall her brachte man Kranke. Er ließ sich bereden, in die Stadt umzuziehen, und nahm viel Geld für seine Heilungen.

Das aber zerstörte seine Heilergabe und ihn selbst. Er fing an zu trinken, geriet auf Abwege und ist heute für die Dorfbewohner – zu ihrem großen Leidwesen – völlig verschwunden.

So ging das, was eine Gabe für die Menschen sein sollte, in den Unvollkommenheiten der menschlichen Natur unter. Noch heute können sich die Bewohner Saakroms nur mit großer Anteilnahme und tiefem Bedauern daran erinnern.

Die Lage von Saakrom ist wahrhaft idyllisch. Es liegt inmitten des größten, in Ghana noch verbliebenen und streng geschützten Waldgebietes. Von der Anhöhe des Dorfes aus schaut man auf waldbedeckte Höhenzüge jenseits des Tales, auf tropischen Regenwald mit gewaltigen Baumriesen und undurchdringlichem Dickicht. Immer liegt etwas Dunst darüber. Der Wald dampft. Gut 100 km breit und über 400 km lang ist dieses größte erhaltene Urwaldgebiet Ghanas. Der Artenreichtum in Tier- und Pflanzenwelt ist überwältigend.

Ich bin besonders auf Vögel und Schmetterlinge aus. Immer wieder kann man neue, noch schönere entdecken. Besonders die Farben der zum Teil sehr großen Schmetterlinge sind herzbewegend schön. Es gibt verschiedenste Arten der Schwalbenschwanz-Schmetterlinge. Der größte unter ihnen ist Papilio antimachus. Die Spannweite seiner Flügel erreicht bis zu 23 cm. In Westafrika gibt es nicht weniger als 20.000 verschiedene Schmetterlingsarten.

In dieser Umgebung ist das Wissen um die elementarischen Wesen noch lebendig. Sie sind da. Ich kann dem Medizinmann viele Fragen diesbezüglich stellen. Er kennt sie aus eigener Anschauung. Auf die Frage, wodurch wir Menschen sie stören, sagt er unter anderem: „Es sind die christlichen Kirchen, die sie vertreiben. Denn alles, was mit ihnen zu tun hat, wird gleich als Teufelswerk verdammt."

Von hier aus wird die Frage sehr bewegend, welcher Art die Wirksamkeit der Christengemeinschaft eines Tages in Schwarz-Afrika werden könnte. Ein Christentum zu entwikkeln, das nicht in erster Linie um Sünde und Seelenheil und menschlichen Egoismus kreist, sondern die Rettung der lebendigen Erde im Auge hat. Die Zukunft wird zeigen, ob sich junge Menschen hier finden werden, die das erneuerte Priestertum auf sich zu nehmen in der Lage sind.

Samstag, 5. September 1992

Eine Totenfeier soll heute im Nachbardorf stattfinden. Wir machen uns mit vielen aus dem Dorf auf den Weg, um daran teilzunehmen. Alle sind schön gekleidet mit Umhängen aus farbenfrohem Stoff. Wir wandern den 4 km weiten Weg. Zum Glück ist der Himmel bewölkt. Überhaupt ist die Septemberzeit hier erträglich kühl. Alles wartet auf den einsetzenden Regen. Die Erde ist durstig, die Früchte sind noch zu klein, sie brauchen Wasser.

Von weitem ist das Stimmengewirr des Dorfes zu hören. Als wir ankommen, bietet sich ein Anblick wie ein Jahrmarkt. Sie haben mit Palmblättern bedeckte Unterstände aufgebaut, unter denen bereits etwa 200 Menschen auf Bänken sitzen. Wie alle Neuankömmlinge machen auch wir die Runde, jedem Sitzenden die Hand zu reichen. Besonders herzlich werde ich vom Häuptling begrüßt, der vor zwei Jahren das Trankopfer gebracht hat. Er ist der mächtigste Häuptling im ganzen Umkreis, in der Hierarchie direkt unter dem König des Ashanti-Volkes. Vor zwei Jahren, als wir uns von ihm verabschiedeten, entließ er uns nur mit dem Versprechen, daß wir wiederkehren würden.

Am 40. Tag nach dem Tod ist eine Zusammenkunft im Kreis der Angehörigen, bei der man sich des Gestorbenen erinnert. Die eigentliche Beerdigungsfeier war schon kurz nach dem Tode. Diese heutige Zusammenkunft ist ein geselliges Beisammensein, das Gemeinschaftsgefühl zu bestärken und der Familie des Toten Geldgeschenke zu geben.

Die vier Söhne des Verstorbenen sind aus der Stadt angereist. Sie haben eine Stereo-Anlage mitgebracht, die schrecklichen Krach hervorbringt. Außerdem trinken sie und benehmen sich roh. Das stimmt mich traurig und zeigt mir, wie leicht die Reste der alten Kultur hinweggefegt werden können, wenn der moderne Ungeist hereinbricht. Vielleicht ist jetzt die allerletzte Gelegenheit, daß durch Kofis Arbeit etwas von der alten Spiritualität in eine neue geistige Kultur gerettet werden kann. Denn auch vor Saakrom wird der „Fortschritt" nicht haltmachen. Spätestens wenn die Elektrizität kommt, ist alles zu spät.

Vielleicht sollte ich noch hinzufügen, was mit dem Leichnam nach dem Sterben geschieht. Er wird gewaschen und mit dem Saft von Zitronen eingerieben. Dann wird er mit dem Brei der Blätter eines bestimmten Krautes behandelt. Dies kann den Körper bis zu einer Woche konservieren, sogar in der tropischen Schwüle. Das Kraut wird Atschampo genannt und ist überall zu finden. Zuletzt wird er durch den Saft bestimmter Kräuter mit Wohlgeruch umgeben. Weiß gekleidet liegt der Tote auf seinem Bett. Man besucht ihn, gibt ihm Geschenke und singt für ihn. Im Hof erzählen solche, die ihn gut kannten, von seinem Leben. Am nächsten Morgen, eventuell auch später, wird er in einen Sarg gelegt. Nun spricht der Älteste des Dorfes noch einmal zu dem Gestorbenen. Was er der Gemeinschaft bedeutet hat, und was er als Botschaft nach drüben mitnehmen soll. Dann wird der Sarg mit einem Trankopfer Mutter Erde übergeben.

Sonntag, 6. September 1992

Heute Nacht ist ein Haus zusammengebrochen. Sie hatten auf den Speicher so viele Maiskolben gebracht, daß es wohl zu schwer wurde. Wie durch ein Wunder blieben die im Haus schlafenden acht Personen unverletzt. Die Balken fielen so geschickt auf drei größere Steine, daß noch gerade soviel Platz blieb, daß die unsanft Erwachten herauskriechen konnten. Alle lobten Gott über die wunderbare Rettung.

Das zusammengestürzte Haus

Um 10.00 Uhr gehen wir in das kleine methodistische Kirchlein. Am alten verrosteten Schlagzeug sitzt schon einer und übt ein bißchen. Die meisten kommen etwas später. Denn der ersehnte Regen hat eingesetzt.

Ich muß ganz vorn Platz nehmen. Ein Altar ist nicht da. Dafür ein Tisch, hinter dem der Prediger sitzt. Nach einigen mit Trommeln begleiteten, ohrenbetäubend lauten Liedern und mehreren Lesungen folgt ein gemeinsames Gebet. Wer kann, geht auf die Knie. Manche, besonders die kleinen Kinder ganz vorne, berühren mit der Stirn die Erde. Jeder schreit nun, den anderen übertönend, seine Wünsche für Frieden im Dorf heraus. Das kleinste Kind ganz vorn bleibt in dieser Haltung und schläft ein.

Nach einer Predigt werden einige gespendete Früchte versteigert. Der Erlös wird armen Kindern aus der Gemeinde für

Schulhefte zugute kommen. Ich ersteigere zu aller Freude eine Hand Bananen. Dann kommt noch eine Art Wettspenden.

Man muß dazu wissen, daß jeder hier den Namen des Wochentages trägt, an dem er geboren wurde. Ein Knabe, der am Freitag geboren ist, heißt Kofi, ein Mädchen Efija. Während die Kinder unter Aufbringung aller Stimmgewalt ein Lied singen, wird mit noch lauterer Stimme der Wochentag aufgerufen. Dann können die an diesem Tage Geborenen nach vorne kommen und spenden. Dabei befleißigen sie sich tänzelnder, köstlich anzusehender Bewegungen.

Der Prediger und zwei Helfer zählen fleißig und schreiben die Ergebnisse auf. Am Ende wird verkündet: die Samstag Geborenen, Kwami und Ama Genannten, waren heute die Spendabelsten.

Nach dieser Erfahrung beschlichen mich ernste Zweifel, ob hier die Menschenweihehandlung schon aufgenommen werden könnte. Aber sie haben eben vom Christentum bisher nichts anderes kennenlernen können. Alles wird angenommen und mit großer Inbrunst ausgeführt. Und was hat der weiße Mann nicht alles nach Afrika gebracht ... Trotz allem begegnet einem hier nur respektvolle Verehrung. Immer wenn ich mich auf der Straße zeige, stimmen die Kinder ein altes Kinderlied an:

„Broni kokoo madschi
ja fidscheri gong-gong.“

Das heißt: „Weißer Mann, guten Morgen. Was soll ich dir geben?“

Kofi sagt, das habe er als Kind auch schon gesungen. Überhaupt die Kinder hier! Da kann man wirklich in Begeisterung geraten. Solch unverdorbene, zufriedene und phantasievolle Kinder! In der ganzen Zeit habe ich keinen ernsthaften Streit zwischen ihnen erlebt.

Montag, 7. September 1992

Es geht auf Vollmond zu, da wird die Phantasie rege. Heute abend ereignete sich etwas Wunderschönes. Wie meistens war eine Anzahl Kinder da, um den weißen Mann zu sehen. Da begannen Kofi und seine ältere Schwester Geschichten zu erzählen.

Da sagt der Erzähler: „Ananse sem!“ Alle antworten begeistert: „Se sua!“ – „Es war einmal!“ – „Ja, einmal!“

Das wird ein paarmal wiederholt. Dann geht die Geschichte los. Und wie groß und klein da lauschen! Im Mondschein erstrahlten die Gesichter voller Begeisterung und inniger Freude. Daß es so etwas auf der Welt noch gibt, daß Kinderseelen so ernährt werden von früher Kindheit an! Die Alten haben einen wahren Schatz solcher Geschichten. Kofi hat begonnen, einige aufzuschreiben. Ich denke, daß daraus ein schönes Büchlein werden wird. Besonders lebendig beim Erzählen war, daß es zwischendrin immer wieder etwas gemeinsam zu singen oder zu sprechen gab.

Die Ashanti-Sprache ist ganz seelenvoll, halb gesungen und vokalreich. „Dai jee“ heißt zum Beispiel „gute Nacht“. Will man seine Verehrung für den Angesprochenen besonders zum Ausdruck bringen, sagt man „Dai joo“ und dehnt dabei das O ganz lange aus.

Dienstag, 8. September 1992

Hinter unserem Haus, das am Ende des Dorfes gelegen ist, geht der Weg am Gräberfeld vorbei in Richtung des nächsten Dorfes, bevor der tiefe Urwald beginnt. Heute kreisen über uns zwei mächtige Adler, auch Geier sind häufig zu sehen. Auf dem Weg bietet sich ein besonderes Schauspiel. Eine etwa zwei cm breite Ameisenstraße kreuzt den Weg. Auf ihr rennen kleine Ameisen, alle in derselben Richtung. Am Rand ihrer schmalen Rennbahn sitzen große Ameisen mit mächtigen Zangen, einige staksen über die kleinen Ameisen in die Gegenrichtung. Sie sind die Wächter der kleinen. Und wirklich, sie sehen sehr respekterheischend aus. Alle Tiere fürchten sie, sogar Schlangen halten sich fern.

Auf der einen Seite des Weges kommt diese geheimnisvolle Prozession aus dem tiefen Urwald, auf der anderen Seite verschwindet sie wieder. Nirgendwo habe ich bisher das Geheimnisvolle dieses Waldes so stark empfunden wie bei dieser Ameisenprozession. Diese Treiber- oder Wanderameisen gehören zur Gattung der Anomma. Zu Beginn der Regenzeit beginnen sie nach Perioden der Ruhe zu wandern. Ein Volk hat eine Stärke von über 1,5 Mio. Tieren. Die Ashanti-Jäger berichten, daß sogar die mächtige Pythonschlange sie über alles fürchtet. Hat die Python ein größeres Tier erlegt, sucht sie erst den weiteren Umkreis nach diesen Ameisen ab. Erst wenn sie sicher ist, daß weit und breit keine vorhanden sind, verzehrt sie die Beute. Denn mit der Beute im Bauch wäre sie zu schwer, um vor den Ameisen zu flüchten. Dabei ist die Pythonschlange ein gewaltiges Tier. Das größte Exemplar, das gefunden wurde, war 9,96 m lang.

Ja, das hätten wir damals nicht gedacht, was sich daraus entwickeln würde. Es war Anfang 1980. Hans Gilck, mein Lehrerfreund, und ich begannen gemeinsam, jeden Mittwoch einen Jugendabend unter dem Thema „Fremde Länder, fremde Völker“ durchzuführen. Wir luden uns immer wieder Menschen aus anderen Teilen der Welt ein, die wir baten, von ihrer Heimat zu erzählen. So kam auch Kofi zu uns. Und als er den Raum betrat, fühlte er sich zu Hause.

Wir hatten eine Doppelgarage mit einer runden Wand ausgebaut, runden Fenstern und offenem Kamin. Da erzählte er uns von Ghana und den Traditionen des Ashanti-Volkes. Wir baten ihn, immer wiederzukommen, und staunten immer mehr über die reiche Welt Afrikas, von der wir bisher nur bezüglich der Elefanten, Löwen und Gorillas eine Ahnung gehabt hatten. Besonders staunten wir darüber, wieviel in den Anschauungen der Ashanti sich mit der Betrachtungsweise der Anthroposophie begegnet.

Schließlich baten wir Kofi, einiges von dem Erzählten aufzuschreiben. So entstand sein Buch*. Ich glaube, es gibt nicht viele Bücher, in denen ein Afrikaner über afrikanische Kultur schreibt.

Wie schwer ihm oft das Leben in Stuttgart und die Arbeit am Fließband fiel, das verstand ich erst richtig, als ich sein Heimatdorf kennenlernte. Trotzdem klagte er damals nie, war immer dankbar, nur seine Stimme klang oft traurig. Sein Vater hat ihm den Namen Edusei gegeben. Das bedeutet: „Einer, der führen soll." Und der Vater sagte dazu: „Er wird eine große Aufgabe zu erfüllen haben, wenn ihn die Zivilisation nicht verdirbt."

Mittwoch, 9. September 1992

Der Kräutersammler kommt zu Besuch und hat Zeit mitgebracht, um auf Fragen zu antworten. Ich habe noch viele Fragen bezüglich der Zwerge. Wie sie aussehen? „Ketinke, ketinke", sagt er lebhaft in seiner Sprache. „Klein, sehr klein, aber alt, uralt und mit vielen Haaren." Was ihre wichtigste Aufgabe ist? – „Sie sorgen für die Fruchtbarkeit der Erde. Vertreiben wir sie, wird das Land immer mehr zur Wüste." Was sie an uns Menschen nicht mögen? – „Wenn wir Pfeffer essen, dann geht ein Geruch von uns aus, den sie nicht leiden können. Wenn wir pfeifen, das verwirrt sie, denn es ist ihrer Sprache ähnlich. Die ganze tote Welt der Maschinen. Sie brauchen den unzerstörten Wald."

---

*Kofi Edusei: Für uns ist Religion die Erde, auf der wir leben. Ein Afrikaner erzählt von der Kultur der Akan. Stuttgart 1985. (Siehe die zwei Kapitel daraus im Anhang dieses Buches.)

Warum an menschlichen Festtagen, wie Sonntag, Ostern, Pfingsten usw., auch in der Natur eine so besondere Stimmung herrscht? – „An diesen Tagen kommen die guten Geister uns Menschen ganz nahe. Und sie bringen gute Gedanken an uns heran, in der Hoffnung, daß wir sie aufnehmen."

Eine Frage, die mir Schüler aus Stuttgart mit auf den Weg gaben: Was er vom Problem der Überbevölkerung hält. Das sei Gottes Sache, so meint er. Darüber bräuchte der Mensch sich keine Sorgen zu machen. Es kämen auch manchmal Frauen zu ihm, die von ihm ein Kraut zur Abtreibung haben wollten, weil sie schon so viele Kinder hätten. Das würde er aber nie geben, denn wir sollten dem Schicksal nicht ins Handwerk pfuschen.

Ich frage ihn nach Christi Wiederkunft. Er antwortet: „In der Welt der Elementarwesen wird sehnsüchtig darauf gewartet. Denn auch sie werden einen großen Schritt in ihrer Entwicklung vorankommen. Ihre Fähigkeit, die Erde fruchtbar zu machen, wird sich dadurch gewaltig steigern. – Bei den Menschen wird der Fortschritt darin bestehen, daß sie eigenständig, ohne Autorität und Institution, die geistige Welt finden werden. Das wird wie ein Ruck in der Entwicklung kommen. So wie Sein erstes Kommen und Seine Auferstehung auch einen Entwicklungsschub gebracht haben."

Der heutige Tag schließt mit einem wahrhaft tropischen Gewitter und Regen. Es wird nach drückender Schwüle mit Sonnenuntergang immer schwärzer. Wie ein mächtiger, tiefschwarzer Dom wölbt es sich über Saakrom. An allen Seiten blitzt es, der Wind verstärkt sich. Und dann öffnen sich die Schleusen. Der so lang erwartete große Septemberregen beginnt. So ist das typische Septemberwetter hier: nachts heftiger Regen, tagsüber erst wolkig, dann heiter, dann schwül.

Das geht bis in den Oktober hinein, ab November ist es drei bis vier Monate trocken und unbarmherzig heiß. Ende März/Anfang April beginnt eine zweite Regenzeit. Juli/August sind leichte Regenfälle.

Donnerstag, 10. September 1992

Alles, was bisher mit Crudof entstehen konnte, war durch Spenden aus Deutschland möglich geworden. Als Kofi vor vier Jahren als bester Farmer des Jahres nach Deutschland kam, konnte ich ihm hier gesammeltes Geld mitgeben. Dafür konnte er das 9 ha große Gelände kaufen. Weniges von uns kann dort vieles in Bewegung setzen. Nie könnten wir mit 3.000 DM hier eine solche Wirkung erzielen. Aber durch den wahnsinnigen Wechselkurs (1 DM = 360 Cedies; Ghanas Währung) werden aus kleinen Ursachen große Wirkungen.

Besonders schön ist die Begeisterung, die man für dieses Projekt erlebt. Da erzählte mir eine alte Frau, bald komme ihr 80. Geburtstag, und sie habe allen gesagt: „Ich brauche nichts, aber wenn ihr alle etwas für Ghana spendet, macht ihr mir eine Freude." Sehr gefreut hat mich auch etwas, das ich hier erfahren habe. Da gibt es in England einen Kreis von Menschen, die Werkzeug sammeln. Werkzeug, das kaputt ist. Sie reparieren es und schicken alles in Länder der Dritten Welt. Auch Crudof wird davon eine Sendung erhalten. Und wenn man sieht, wie kostbar hier ein Spaten, eine Axt oder gar ein Schubkarren sind, wird einem die ganze Bedeutung solcher Hilfen klar. Nägel kauft man hier nicht neu, sondern pfundweise alte, krumme, die man sich dann richtet, bevor man sie gebraucht.

Heute besuchten wir den Besitzer des ganzen umgebenden Landes. Es gibt noch ein althergebrachtes Feudalsystem. Das Ashanti-Volk hat einen König. Seiner Mutter gehört das Land. Um ihn herum sind mehrere Vizekönige, die für Teile des Landes zuständig sind. Ein Bruder des für dieses Gebiet zuständigen Vizekönigs lebt im Nachbardorf. Er ist derjenige, dessen Zustimmung den Kauf des Landes für Crudof möglich gemacht hat. Der Kaufvertrag trägt seinen Daumenabdruck, denn schreiben kann er nicht. Er lebt ganz einfach und bescheiden, aber sein Antlitz zeigt den Aristokraten. Vor zwei

Jahren war er derjenige, der die Palme eingepflanzt hat. Zum Glück ist dieser einflußreiche Mann ganz begeistert von dem, was hier entsteht. Vielleicht können wir durch seinen Einfluß noch ein angrenzendes Landstück dazu erwerben. Am Sonntag will er kommen, damit wir darüber sprechen können. Am kommenden Dienstag will er mit uns seinen Bruder, den Vizekönig, und durch dessen Vermittlung den Asantehene, den König, besuchen.

Bei unserem letzten Besuch vor zwei Jahren waren wir bereits einmal beim Vizekönig. Will man ihn sehen, muß man ein stattliches Geldgeschenk mitbringen. Doch der Eindruck war niederschmetternd. Er saß auf seinem Thron, umgeben von den teuersten elektronischen Apparaten und schaute bekümmert drein, wie Leute es tun, die keine rechte Aufgabe haben. Er sagte, er sei schon in Bayern zum Skifahren gewesen und auch in allen großen Städten Deutschlands. Auf meine Frage, ob er Freunde dort habe, sagte er: „Ja, einen Holzhändler ..."

Da wird einem einer der Gründe dafür klar, daß 80 % des ursprünglichen Waldes abgeholzt sind. Nur in der Mitte Ghanas ist noch das große Waldgebiet, in dem wir uns befinden. Im Süden und besonders im Norden sieht es traurig aus. Immer weiter breitet sich dort die Steppe aus.

Heute erleben wir ein herrliches Abendrot, in dem Venus kraftvoll aufleuchtet. Im Südwesten steht hoch am Himmel der Skorpion, gefolgt von Schütze und Steinbock. Gerade diese Tierkreisbilder sehen wir in Europa nur ganz schwach über dem Horizont. Hier zeigen sie sich in voller Größe und Gewalt. Besonders das Bild des Skorpions macht einen sehr starken Eindruck. Man kann empfinden, daß diese Bilder verschiedenartige Himmelsregionen markieren, von denen jede anders auf die Erde einwirkt. Es ist bestimmt sehr charakteristisch für Afrika, daß diese Kraftfelder des Sternenhimmels hier so voll in Wirkung sind. Das kann man unmittelbar empfinden.

Freitag, 11. September 1992

Jetzt beginnt die Zeit der Früchte. Nachdem es ein paar Nächte schon geregnet hat, sind sie reif geworden. Da kommt der ganze Reichtum dieser fruchtbaren, kraftvollen Erde zum Vorschein. Die tropischen Früchte, die wir kaufen, sind nur ein schwacher Abglanz von dem, wie es hier ist. Da sind Orangen und zuckersüße Mandarinen, die erst rötlich sind, und wenn sie reifen, dunkelgrün werden. Überall an den Wegrändern sieht man die Bäume stehen.

Die Ananas kennt man kaum wieder, so köstlich ist sie. Papua lernte ich zum ersten Mal kennen. Sie ist wie eine Riesenaprikose. Und Avocado – man nennt sie die tropische Butter. Milchprodukte gibt es hier keine. Anstatt Butter nehmen sie Avocado. Sie sei besser als Butter, wird mir stolz verkündet. Natürlich nicht zu vergessen die kleine, sehr süße Banane und ihre größere, grüne Verwandte, die gekocht und gebraten eines der Hauptnahrungsmittel darstellt.

Die Kinder in Saakrom können sich gar nicht vorstellen, daß in Afrika jemand Hunger leiden könnte. In dieser Region ist das auch schwer vorstellbar. Da ist der Tisch reichlich gedeckt.

Man ißt übrigens gemeinsam auf dem Boden kauernd aus einem Topf – mit den Händen natürlich. Erst bekommen die älteren Männer, dann die Frauen und die Kinder. Jede Gruppe hat ihre eigene Ecke. „Das ist das einzige", sagte ich zu Kofi, „was mir hier nicht gefällt. Das gemeinsame Essen ist doch ein so schöner Ausdruck der Familiengemeinschaft." – Für ihn aber ist es Teil des dort herrschenden Gesellschaftssystems, das ganz auf der Verehrung der Alten beruht. Manchmal kommen mir auch ernstlich Zweifel, ob wir gut daran tun, in Europa den Egoismus unserer Kinder, und damit der künftigen Erwachsenen, derart zu hätscheln, wie es bei uns Sitte ist.

Samstag, 12. September 1992

Gestern abend machte ich noch einen Spaziergang nach Sonnenuntergang. Der Vollmond war hinter mir aufgegangen und schien so hell, daß ein langer Schatten vorausging. Vor mir der Abendstern und um mich herum die geheimnisvollen Stimmen des Urwaldes. Es zirpte und wisperte, pfiff und schmatzte. Glühwürmchen leuchteten auf und verschwanden wieder. Das, was wir zu Johanni erleben, lebt hier, noch mächtig gesteigert, das ganze Jahr über. Oft muß ich an den Johanni-Spruch aus Rudolf Steiners Seelenkalender denken: „Der Welten Schönheitsglanz, er zwinget mich aus Seelentiefen ..." Ja wirklich, hier ist Schönheit in Überfülle! Aber daß sich hier nicht das stolze Gefühl menschlicher Freiheit und Unabhängigkeit herausbilden konnte, ist auch klar. Dafür ist der Gott, der einen umgibt, viel zu mächtig.

Gestern vormittag konnte ich ein Stück durch ursprünglichen Urwald wandern. Die Fülle der Vogelstimmen! Da kann man leicht 20 verschiedene zählen. Immer ist die Tageule zu hören. Ihr Ruf klingt so geheimnisvoll und fremdartig, wie wenn mitten am Tage der Mond am Himmel stünde. Ein besonders schöner Vogel fiel mir auf. Er ist groß wie eine Amsel und hat ein Federkleid, das wie ein Pelz aussieht: grell orange und schwarz. Erst traute ich meinen Augen kaum. Wie kann ein Vogel so auffällig sein! Es ist der Onyx-Weber.

Man unterscheidet hier zwischen Primary forest und Secondary forest. Ersterer ist der ursprüngliche, niemals vom Menschen berührte Urwald. Steht man vor seinem undurchdringlichen Dickicht, seinen vielen Lianen und Ranken, die alles überwuchern, bemächtigt sich einem ein ganz eigentümliches Gefühl von Ewigkeit. Hier ist ein Stück Welt, das ganz in sich vollkommen ist, das unserer Pflege und Bemühung nicht bedarf. Alles macht den Eindruck von Ausgewogenheit und Harmonie. Jedes hat seinen Platz und seine Ordnung. – So etwa kann ich mir das ursprüngliche Paradies, den Garten Eden vorstellen. Wenn unsere menschengeschaffene Welt nur ein weniges dieser Harmonie schon in sich trüge!

Gut, daß es wenigstens noch Reste der ursprünglichen Schöpfung gibt! Ich hörte, daß man in der Schweiz einen Versuch gemacht hat, Urwald wieder entstehen zu lassen, indem man ein Stück Land ganz sich selbst überlassen hat, daß man aber feststellen mußte, daß es nicht mehr geht. Die Erde hat nicht mehr die Kraft, aus sich eine Harmonie hervorzubringen. Jetzt braucht sie den Menschen und seine Pflege.

Abends hörte ich Singen und Klatschen im Dorf und ging ihm nach. Eine Anzahl Mädchen und junger Frauen hatte sich versammelt, um einen Singtanz auszuführen. Sie standen im Kreis, sangen und klatschten aus Leibeskräften. Eine sprang bei einer Solostrophe in die Mitte, ließ sich rücklings in den Kreis fallen, wurde aufgefangen und hoch in die Luft geworfen. Dort drehte sie sich um, so daß sie, wieder aufkommend, sich zur Gegenseite des Kreises fallen ließ. So hüpfte sie, immer Solo singend, eine Weile wie ein Ball herum, bis die nächste dran kam. Und das alles im Schein des Vollmondes! Ringsherum waren nur fröhliche Zuschauer, die, als ich zu ihnen kam, noch fröhlicher wurden.

Heute ist der Himmel wieder bedeckt. Eindrucksvoll aber, wie die Sonne auch durch die Wolken noch ihre große Macht entfaltet. Um hier arbeiten zu können, muß man schon die Konstitution der Afrikaner haben. Ich gerate schon in Schweiß, wenn ich nur daran denke. Aber hier arbeitet man sogar in der prallen Sonne. Sogar der alte Stiefvater von Kofi stand plötzlich da, und mit dem Hackmesser in der Hand und einem alten Schlapphut angetan, sagte er ganz stolz: „Me ko efum!“ – „Ich gehe arbeiten!“ Ein paar Stunden später kam er dann, das Ergebnis in kerzengerader Haltung auf dem Kopf tragend, strahlend nach Hause. Solange das einer noch kann, stimmt die Welt.

Das Zusammenleben der Generationen ist außerordentlich schön. Die vielen Säuglinge werden immer auf dem Rücken mitgenommen. Wenn einer unruhig wird, kommt er sofort an die Brust. Ein Jahr lang werden die Kinder ausschließlich gestillt, dann im zweiten Jahr noch zusätzlich.

Die afrikanischen Mütter leisten wirklich Großes. Heute sah ich eine, einen Säugling auf den Rücken gebunden, ein Zwei- bis Dreijähriges auf dem Arm und auf dem Kopf den Korb voller schwerer Sachen. Und trotzdem ist mir noch keine begegnet, die einen unzufriedenen nörgelnden Eindruck machte.

Im Gegenteil, es wird soviel zusammen gelacht! Gerade darin ist das Zusammenleben von Alt und Jung besonders schön. Kofis Stiefvater ist sehr humorig. Oft bringt er mit köstlicher Mimik und mit Späßchen alle zum Lachen. Auch Kofis 84jährige Mutter, die mit großer Kraft wie ein General das ganze Hauswesen regiert, muß dann herzlich lachen.

Die Alten können alle nicht lesen und schreiben. Deswegen werden sie oft von den Jüngeren geneckt. Als Kofis Mutter etwas erzählen wollte und es nicht mehr ganz zusammenbrachte, sagte er: „Hättest es halt aufschreiben sollen." Ein entsprechender Blick war die Antwort. Abends, beim Schein einer Petroleumlampe, sah ich einige ältere Leute im Schulhaus vor der Tafel sitzen, verzweifelt bemüht, sich doch noch den Sinn dieser Kringel einzuprägen.

Seit 30 Jahren ist die Schule etwas Selbstverständliches geworden. Aber nur für solche Kinder, deren Eltern bezahlen können. Die ersten sechs Schuljahre kostet es 2.000 Cedies im Monat, in den folgenden drei Jahren 4.000, die nächsten drei 8.000. Von den schulreifen Kindern im Dorf gehen in diesem Jahr sechs nicht zur Schule, weil die Eltern es nicht bezahlen können. Auch jede weitere Ausbildung ist teuer und ein großes Privileg. Möchte ein Mädchen Krankenschwester werden, muß sie schon für die Anmeldeformulare so viel wie ein durchschnittliches Monatseinkommen bezahlen.

Die staatliche Grundschule ist allerdings auch ein Drillplatz für werdende Staatsbürger. Seit den Tagen Kwame Nkrumahs treten die Kinder morgens auf dem Schulhof vor gehißter Flagge in militärischer Ordnung an, und mit Trommelbegleitung und gemeinsam gesungener Nationalhymne wird ins Schulhaus marschiert. In den Klassenzimmern angekommen, stehen sie dann mit der rechten Hand auf dem Herzen und sprechen eine Art Nationalgelöbnis. Alles mit großer Inbrunst. Da wird es mir jeden Morgen etwas schaurig zumute, wenn das durch das friedliche Dorf dröhnt.

Vor zwei Jahren noch war es mir unmöglich herauszubekommen, wie viele Menschen in Saakrom leben, denn es ist dem Afrikaner unheimlich, Menschen zu zählen. Jetzt hat Kofi allerdings doch soviel europäischen Zahlensinn entwikkelt, daß er Buch führt. Demnach leben in Saakrom 650 Menschen. In den letzten zwölf Monaten starben 13 Menschen, 25 wurden geboren.

Sonntag, 13. September 1992

Heute früh zeigten die kleinen Ameisen, die ich neulich so eindrucksvoll fand, wie gefährlich sie sein können. Sie kamen in ihrem üblichen Tempo in die Schafherde. Die Schafe flohen in panischer Angst. Sie schafften es, über den Zaun zu springen. Nur eines war nicht mehr rechtzeitig. Die Ameisen krabbelten ihm in die Nase und erstickten es. – Nun, die Jungen wollen es schlachten und einen Sonntagsbraten daraus machen. Später untersagt Kofi es ihnen, und das Schaf wird begraben.

Es gibt in der Ashanti-Kultur eine sehr eindrucksvolle Methode der Wahrheitsfindung. Da geschah zum Beispiel folgendes: Eine Frau aus Saakrom handelte mit Dingen, die sie in Kumasi einkaufte und im Dorf weiterverkaufte. Als sie einmal zum Einkaufen gehen wollte und ihr Geld holte, merkte sie, daß 2.000 Cedies fehlten. Sie rief alle ihre Hausgenossen, Kinder, Neffen und Nichten zusammen. Alle behaupteten, nichts davon zu wissen. Da ging sie mit ihnen zum Häuptling. Auch dort bekam sie keine andere Auskunft.

Nun wurde den Angeschuldigten sieben Tage Bedenkzeit gegeben, in denen der Täter still hätte bekennen können. Als diese Tage verstrichen waren, versammelte man sich wieder beim Häuptling. Dieser nahm eine Kalabasch. Das ist eine Holzschüssel, die aus einer sehr großen Frucht gewonnen wird. Die Kalabasch wurde mit Wasser gefüllt und in eine kleine Grube auf den Boden gestellt. Jetzt mußte jeder Angeschuldigte der Reihe nach auf einem kleinen Stuhl vor der Kalabasch Platz nehmen und den Finger in das Wasser tauchen. Dabei hatte er dreimal seinen eigenen Namen zu sprechen und zu sagen, daß er es nicht gewesen ist.

Indem er den Finger eintaucht, beginnt das Wasser sich zu drehen. Der Schuldige erfährt dabei, daß er trotz größter Anstrengung den Finger nicht zum Wasser bringt und daß dieses zu kochen anfängt. Wenn er seine Tat immer noch leugnet, wird das Ganze wiederholt. Selten kommt es soweit, weil jeder weiß, daß die Erde sich nicht betrügen läßt.

Der der Schuld Überführte ist verpflichtet, seine Tat wiedergutzumachen und allen zu Unrecht Beschuldigten etwas Entsprechendes zu geben. Dadurch kann er sich wieder reinwaschen. Dann spricht man nicht mehr darüber und verzeiht ihm. Kofi sagt, er habe diese Prozedur verschiedene Male miterlebt.

Heute morgen ging ich mit einem der Mitarbeiter Kofis zum katholischen Gottesdienst. Dort war kein Priester, denn dieser kommt nur selten aus der Stadt. Heute gab es eine ähnliche Feier wie bei den Methodisten, auch das Wettspenden. – Am späteren Vormittag komme ich an dem Versammlungsraum der Apostolischen Kirche vorüber. Da hört man nur: „Ba ba ba ba“ – das Zungenreden wird geübt, was immer das auch sein soll.

Gestern, am Samstag, besuchte mich einer der Siebenten-Tags-Adventisten und versuchte, mich zu überzeugen, daß wir eigentlich den Samstag und nicht den Sonntag feiern sollen. Auch sie haben ihr kleines Kirchlein in Saakrom.

Montag, 14. September 1992

Gestern kamen wieder heftige Regenfälle, heute ist es bedeckt, trüb und neblig. Der Medizinmann kommt zu Besuch, so daß ich ihn wieder befragen kann. Zunächst bewegt mich die Frage, daß die Märchen der Völker so ähnlich sind. Er antwortet: „Die Märchen kommen überall auf der Welt von den Zwergen. Immer sind sie so entstanden, daß die Zwerge ein Menschenkind zu sich geholt und ihm Märchen erzählt haben. Und dieses hat es dann weitererzählt. Die Zwerge sind aber auf der ganzen Welt ein Reich. Kein Wunder also, daß die Märchen der Völker so ähnlich sind."

Ich frage ihn nach der Aufgabe verschiedener Tiere.

Ameisen: „Sie fressen organisches Material. Was sie von sich geben, macht die Erde fruchtbar. Sie sind in großem Ernst von der Wichtigkeit ihrer Aufgabe durchdrungen. Deswegen marschieren sie so unaufhaltsam. Wenn man solche Ameisenzüge sieht, wie jetzt, heißt das, daß schwere Regenfälle kommen. Für diese Zeit suchen sie sich einen Platz, an dem sie Ruhe halten und geschützt sind."

Vögel: „Ihr Gesang ist immer ein Wechselgesang, immer antwortet ein Artgenosse. Auch wenn wir es nicht jedesmal hören, der Vogel hört es. Und immer sprechen sie etwas. Ihr Gesang hat immer eine Bedeutung, zum Beispiel: 'Hier gibt es viel Nahrung', oder: 'Es wird Regen kommen', manchmal aber auch tiefere Dinge."

Schmetterlinge: „Wo viele Schmetterlinge sind, da ist die Erde gesund. Wo sie sind, sind auch die Engel. Eigentlich kann man sagen: Sie sind selber wie Engel."

Ich fragte ihn nach seinen Erfahrungen mit Engeln. Er antwortete, die habe er wohl. Die Engel seien viel höhere und mächtigere Wesen als die Zwerge. Es käme vor, daß er ein Heilkraut für einen Patienten suche, aber noch nicht genau wisse, welches er brauche. Dann sei es wie ein Wind von oben, und plötzlich sehe er einen Engel vor sich, der in seiner Hand ein Kraut halte. Dann wisse er, welches er brauche, und könne es pflücken.

Ich fragte ihn noch, ob er einen schützenden Engel eines Ortes, zum Beispiel Saakrom, wahrnehmen könne. Er sagte: „Nicht nur einen!" Da sei ein ganzer Kreis von Engeln um den Ort. Es gebe aber auch Orte, an denen dunkle Engel die Tätigkeiten der lichten stören. In solchen Orten seien viele Schwierigkeiten, Krankheiten und Unglücksfälle.

Abends kommen immer Menschen aus dem Dorf zu Kofis Haus. Es ist ein Platz, der viele anzieht. Heute kommen die Mutter und die Schwester dessen, den die Zwerge geholt und zum Heiler gemacht hatten. Sie sind Kofis Verwandte. Kofis Mutter und die Mutter des Heilers sind Schwestern.

Es kommt wieder das Gespräch auf das tragische Schicksal. Sie sagen: „Er war ja noch fast ein Kind, als er diese große Gabe erhielt. Nur 16 Jahre alt." Das ganze Dorf plagt sich mit Vorwürfen, daß sie ihn damals nicht besser behüten konnten. Kofi war in jener Zeit meistens in Accra. Als er einmal wieder nach Hause kam, hatte sich die ganze Geschichte ereignet. Saakrom war ein Mekka der Heilungsuchenden geworden. Aus dem ganzen Land kamen sie hierher.

Er sprach damals mit seinem Cousin in der Weise, daß er ihn warnte, nicht zu gehen, wenn man ihn in die Stadt holen wolle und mit viel Geld locken würde. Der Junge verstand erst nicht recht, was er ihm sagen wollte. Am nächsten Morgen aber kam er zu ihm und sagte, es sei ihm nun alles klar geworden und er habe ihn gut verstanden. Drei Monate später, als Kofi wieder nach Hause kam, war er bereits in der Stadt.

Kofi wollte damals aufschreiben, was sein Verwandter bei den Zwergen erlebt hatte. Als er ihn aber nach mehr Einzelheiten auszufragen begann, wollte der nichts sagen. Die Zwerge hätten ihm aufgetragen, er solle das Erlebte in der Stille reifen lassen und erst später ausführlicher darüber sprechen.

Ich ließ der Mutter des so tragisch Verschwundenen sagen, wie sehr ich mit ihr mitfühle und wie mich das ganze Geschehen bewege.

Dienstag, 15. September 1992

Die Verbindung zur nächsten Stadt, das heißt zur nächsten Einkaufsmöglichkeit, zur Post usw., ist sehr schwierig. Kumasi ist 60 km entfernt. Jeden Morgen fährt ein zum Bus umgebauter Lkw durch die Dörfer zur Stadt. Will man mitfahren, muß man sich ab 3.00 Uhr früh bereithalten. Denn er kommt irgendwann zwischen 3.00 und 5.00 Uhr. Keiner weiß eigentlich, warum so früh. Manche munkeln, der Fahrer habe keine rechten Papiere und wolle fahren, solange die Polizei noch schläft. Jedenfalls kommt er meistens kurz nach 3.00 Uhr mit lautem Hupen, bis auch der letzte wach geworden ist. Da das in jedem Dorf eine Weile braucht, benötigt er für die Strecke fast vier Stunden.

Will ein Bauer zu Geld kommen, muß er ab und zu in die Stadt fahren, um etwas von seinen Früchten zu verkaufen. Früher gab es Händler, die in die Dörfer kamen und Produkte aufkauften. Aber sie betrogen die Bauern so sehr, daß diese lieber die Beschwerlichkeit der Fahrt auf sich nehmen.

Schwierig ist auch die Rückfahrt, denn keiner weiß, wann der Bus fahren wird. So ist es schon manchem geschehen, daß er zu spät kam und in Kumasi übernachten mußte. Auch ist die Fahrt furchtbar holprig, wegen der schlechten Straße, und weil meistens zu schnell gefahren wird. So fiel gestern eine Frau mit ihrem kleinen Kind aus dem Lkw und mußte ins Krankenhaus gebracht werden.

Heute sollen wir von einem Freund Kofis abgeholt werden. Wir wollten in Kumasi meinen Rückflug bestätigen und auf dem Rückweg zu einem besonders schönen See fahren. Der Freund ist nicht gekommen. Unser Besuch beim Asantehene, dem König der Ashanti, fällt aus. Wir erfahren inzwischen, daß er außer Landes ist. Vielleicht wieder beim Skifahren ...

Heute sah ich zum ersten Mal Geier aus nächster Nähe. Ich ging auf einem von Gebüsch eingesäumten Weg. Abrupt hörte auf der linken Seite das Gebüsch auf und gab den Blick auf den Müllplatz des Dorfes frei. Etwa 7 m vor mir saßen zwei Geier, die dort offenbar etwas Freßbares fanden. Sie schauten mich verdrießlich an, als ob sie sich über die Störung beklagen wollten, und erhoben sich mit schwerem Flügelschlag in die Lüfte. Dann kreisten sie noch ein paarmal in geringer Höhe, gleichsam unschlüssig, und flogen davon.

Die Tierwelt ist hier, wie alles, kraftvoll. Heute entdecke ich die siebente Ameisenart. Ganz hellbraune Tiere, deren Körper fast durchscheinend ist. Sie krabbeln an einem Baumstamm auf und nieder, nach oben zu ihrem Nest, allerhand Nahrung transportierend.

Immer mal wieder bringt einer aus dem Wald Honig von wilden Bienen. Heute sahen wir einen Schwarm Bienen auf einem Baum. Während unsere europäischen Bienen zahm und lieb wirken, sind diese hier heftig, sehr Respekt gebietend, wenn sie einem nahe kommen. Ihre Stiche sollen auch sehr unangenehm sein.

Das Phantastischste aber sind die afrikanischen Hummeln. Ab und zu hört man ein dumpfes Geräusch, wie von einem Motorrad, und bevor man sie recht gesehen hat, ist sie eilig vorbeigebraust. Kaum, daß sie sich irgendwo niederläßt, immer scheint sie in äußerster Hast zu sein. Einmal nur tat sie mir den Gefallen, kurz anzuhalten, so daß ich ihr Aussehen bewundern konnte. Sie ist etwa doppelt so groß wie unsere gemütlichen Hummeln und hat eine dunkelblaue, fast schwarze, wie poliertes Leder glänzende Rückseite. Mehr konnte ich nicht bemerken, denn dann war sie schon wieder davon. Indem ich dies, am Brunnen sitzend, geschrieben habe, kommt wieder eine vorbeigebraust. Nein, wie ein Motorrad ist es doch nicht. Ich muß mich bei ihr entschuldigen!

Vor kurzem ging ich mit Kofi auf einem schmalen Pfad durch tiefes Dickicht um das Land von Crudof. An einer besonders schönen geheimnisvollen Stelle ließen wir uns nieder und sprachen über die Zukunft dieses Geländes. Da hörten wir ein Geräusch auf einem nahegelegenen Baum. In meinem europäischen Gemüt kam mir als erstes der Gedanke an ein Eichhörnchen. Es war aber ein Äffchen mit niedlichem Gesicht. Es kam ganz nahe, schaute uns neugierig an, kehrte um und verschwand. Es schien offenbar Interesse zu haben an dem, was mit seinem Wald geplant ist. Da kann es beruhigt sein, ein Stück soll im ursprünglichen Zustand verbleiben!

Die eigentlichen Afrika-Tiere aus unseren Zoos sind hier nicht zu finden. Nur tief in den Wäldern könnten einem Leoparden, wilde Hunde, Pythons und Boas begegnen. Auch der Skorpion, der Ghanas Briefmarken ziert, ist zum Glück äußerst selten, und er liebt die Einsamkeit.

Inzwischen ist Kofis Freund Kodjo mit einem Auto der katholischen Mission gekommen, um uns doch noch abzuholen. Er arbeitet in der Ausbildung von Jungen aus den Dörfern. Sie sollen naturgerechten Ackerbau lernen und in die Dörfer zurücktragen. Sein Problem ist nur, daß die Jungen, wenn sie die dreijährige Ausbildung durchlaufen haben, alle in die Stadt und nicht zurück ins Dorf gehen. So ist seine Arbeit nicht von großem Erfolg gekrönt, obwohl sein Anliegen ganz dasselbe wie von Crudof ist. Doch der katholische Glaube ergreift die jungen Leute nicht mit der Kraft, die nötig wäre, um aus Idealismus zurück aufs Land zu wollen.

Und materielle Gründe sprechen einzig und allein für die Stadt.

Ich glaube, da wird Kofi mehr Erfolg mit der Ausbildung seiner jungen Leute beschieden sein. Es ist ein ganz anderer, viel kraftvollerer Geist in der Sache. Und ich sehe jetzt schon, obwohl sie bislang von Anthroposophie nicht viel mehr als das Wort kennen, wie sie von deren Geist ergriffen sind.

Nach zwei Wochen in dieser paradiesischen Umgebung ist der Übergang in die Stadt sehr kraß. Kumasi ist voller Menschen – etwa eine halbe Million Einwohner –, und es gibt bereits viel zu viele Autos, fast nur japanische und Mercedes Benz. Letzterer ist für die meisten hier wohl das höchste Lebensziel. Deshalb kann man auch noch ganz alte davon bestens verkaufen.

Im Flugzeug beim Rückflug vor zwei Jahren traf ich einen 23jährigen Burschen aus Ghana auf dem Weg nach Deutschland. Er schaut hier Zeitungen nach Gebrauchtwagen durch, kauft sie, bringt sie nach Hamburg und per Schiff nach Accra. Nach den vielen Ringen zu schließen, die an seinen Fingern waren, ist das Geschäft recht einträglich.

In Kumasi scheint jeder etwas durch Handel verdienen zu wollen. Winzige offene Läden reihen sich aneinander. Der Geruch nach Moder und Verwesung ist kaum zu ertragen. Wie können es die vielen Menschen in diesen schmutzigen verfallenen Häusern nur aushalten! So wie wir uns Slums vorstellen, ist eigentlich die ganze Stadt. Wie ein kräftiges Symbol wirken auf mich zwei Bilder: Auf einer Schutthalde „graste" eine große Herde ausgemergelter Kühe. Über der Stadt kreisten Hunderte von Geiern.

Aus Europa kam das Phänomen Stadt nach Afrika. Bei uns entstanden die Städte aber in einer Zeit, als die mittelalterliche Form des Christentums ihnen ein geistiges Fundament geben konnte. Besonders eindrucksvoll kommt dies in den Städten zum Ausdruck, in deren Zentrum eine Kathedrale steht. Als diese gewaltigen Bauwerke durch Generationen hindurch erbaut wurden, waren die Städte oft kaum größer als heutige Dörfer. Um diese Mitte wuchs die Stadt. Und jede Stadt hat ihre Biographie durch die Jahrhunderte und prägt ihre Bewohner.

Hierher nach Afrika kam nur die Hülse. Und so entstanden diese trostlosen afrikanischen Städte, die mehr und mehr in schrecklichen Krankheiten versinken. Es ist ein offenes Geheimnis, wenn auch exakte Zahlen nicht vorhanden sind, wie furchtbar weit sich Aids in den afrikanischen Städten bereits ausgebreitet hat. Namenloses Leid wird den Menschen beschieden sein. Das liegt wie eine unheilschwangere Wolke über diesen Städten.

Wir sind froh, am Abend wieder in Saakrom zu sein. Dank des Autos der katholischen Mission dauert die Fahrt nur 50 Minuten statt der sonst üblichen vier Stunden. Ja wirklich, hier wäre ein Auto kein Luxus.

Mittwoch, 16. September 1992

Heute Nacht wandert das Lamm des am Sonntag von den Ameisen getöteten Mutterschafes wieder durch das Dorf. Der klagende Ruf, auf der Suche nach seiner Mutter, kann einem wirklich zu Herzen gehen. Wie Tiere doch leiden können! Ich empfinde das hier viel stärker, weil man so nahe mit ihnen zusammenlebt. Sie gehören zur Hausgemeinschaft wie die Kinder.

Von daher wird es mir verständlicher, was in früheren Zeiten das Tieropfer bedeutet hat. Das war wirklich ein Opfer, wenn man sein schönstes Widderlamm zum Tempel brachte. Es war ein Stück der eigenen Seele.

Das Alte Testament erzählt uns, daß der Hirte Abel das Tieropfer brachte und daß Gott es wohlgefällig ansah. Des Ackerbauern Kains Opfer von den Früchten des Feldes aber sah er nicht an. Wofür steht das Pflanzenopfer, Brot und

Wein? Es steht für die Kunst des Menschen, der durch seinen Geist die Pflanzen zu Kulturpflanzen werden ließ und Brot und Wein herstellt.

So wie die Tieropfer Ausdruck der nur seelischen Hinwendung zu Gott waren, so ist das Opfer von Brot und Wein darüber hinaus Bild für die Erhebung der Gedanken zum Göttlichen: sich an Gott andächtig herandenken und dadurch dem Fühlen und Wollen eine neue Richtung geben.

Kain war seiner Zeit voraus, es war noch nicht soweit, daß das Denken am Gebet teilnehmen konnte. Diese Zeit ist erst gerade angebrochen.

Heute feiern wir den 70. Geburtstag der Christengemeinschaft. Es will mir bedeutsam erscheinen, daß ich gerade in diesen Tagen dieser afrikanischen Welt so gründlich begegne. Das ist sicher nicht nur meine persönliche Angelegenheit, sondern ein Stück Schicksal der Bewegung für religiöse Erneuerung. Trifft sie hier doch zum ersten Mal auf einen noch intakten Rest der Uroffenbarung.

Mir tritt hier auch manches von dem noch fast gänzlich in der Zukunft liegenden Wesen der Christengemeinschaft deutlicher vor Augen. Gerade auch im Vergleich zu den so heftig ausgeführten Gottesdiensten der sechs verschiedenen christlichen Gemeinden in Saakrom.

Bisher wurde im Christentum vor allem das Abelsche Seelenopfer weitergeführt. Mit anderen Worten zwar, aber doch im eigentlich noch vorchristlichen Geist. Erst seit Hegel, seit der Herausbildung der Fähigkeit zum reinen Denken, ist die Möglichkeit zum Vollbringen des Kainschen Geistesopfers gegeben. Da stehen wir im allerersten Anfang zwar, und doch läßt sich ahnen, was daraus werden kann. Es dürfen uns nur nicht die alten Kirchengewohnheiten des Nichtdenkens, des Gedanken-Verbietens einholen.

In dieser Umgebung der lebensvollen Elementarwelt kann ich mir vorstellen, wie es heilvoll werden kann, wenn Menschen und Elementarwesen gemeinsam für die Belebung der sterbenden Erde arbeiten werden; vor dem Altar ebenso wie am Kompost. Da wird sicherlich für vieles Heilung gefunden werden können, was uns heute noch ganz aussichtslos erscheint.

Ein weiteres, das mir als ganz neu erscheint, ist die Bedeutung der Gemeinde. Zum ersten Mal ist die Gemeinde nicht Zuschauer eines heiligen Geschehens, sondern Mitvollbringer.

Das ist die Frucht der 400 Jahre Protestantismus, die mir immer wie eine menschheitliche Wiederholung der 40 Jahre Wüstenwanderung der Kinder Israels erschienen ist. 1521 stand Luther vor dem Reichstag zu Worms. Der individuelle Mensch, der den Mächten trotzt. 400 Jahre später kommt eine ganze Schar solcher freiheitsliebender Leute zusammen, um aus diesem Geist der Freiheit und Individualität heraus nach neuer Gemeinsamkeit zu suchen. Auch drei Frauen sind dabei. Die Christengemeinschaft wird begründet.

Erst mußte aller Hang und alle Sehnsucht nach alter Autorität abgestreift sein, dann konnte die göttliche Welt, der Wiederkommende, die neuen heiligen Formen geistigen Wirkens schenken.

Die Gemeinde der freien Geister kann entstehen. Laßt uns zusammenkommen, frei im Geist, froh in der Seele und frisch im Wollen, den Dienst für die Erde zu verrichten!

Donnerstag, 17. September 1992

Gestern abend war es dunkel. Der abnehmende Mond geht erst spät auf. Zwei Stunden lang war es ganz sternenklar. Da weit und breit kein Licht stört, sieht man die Welt in das zarte Sternenlicht getaucht.

Hier kommen einem die verschiedenen Lichtqualitäten sehr schön zum Erlebnis. Zwischen dem grellen, Hitzefluten über die Erde ausgießenden Licht der im Zenit stehenden

Mittagssonne und dem kühlen geheimnisvollen Sternenlicht gibt es alle Zwischenstufen. Steht der Mond am Himmel, ist es hell, auch wenn Wolken da sind. Aber diese Helligkeit ist nachtblau.

In der Dämmerungszeit erscheinen alle Variationen von Rot. Gestern bei Sonnenuntergang war für kurze Zeit sogar die Luft rötlich. Über allem war ein rötlicher Schein ausgegossen. So atmet die Seele Afrikas im Licht zwischen blau und rot, zwischen kühl und warm.

Trotz aller guten Seiten der Elektrizität haben wir doch vieles durch sie eingebüßt. Durch nichts haben wir uns so sehr in eine künstliche Welt eingesponnen. Wie sehr aber das Leben im Rhythmus der gottgeschaffenen Wirklichkeit dem Menschen gut tut, das sieht man hier daran, wie die Menschen alt werden.

Gerade kam wieder einer meiner speziellen Freunde vorbei. Er kommt jeden Morgen, bevor er zu seiner Feldarbeit geht. Kerzengerade mit strahlenden Augen steht er vor mir und sagt ein paar englische Brocken. Mittags kommt er dann mit einem vollen Korb auf dem Kopf. In unserer „fortgeschrittenen" Welt müßte man wohl lange suchen, bis man solche 80jährigen finden könnte.

Gestern abend sprachen wir noch lange über Kofis Vater. Er starb 91jährig am 1. Januar 1957 morgens um 1.00 Uhr. Er war nicht nur Kräutersammler und Heiler, sondern Priester. Seine Aufgabe war, die ganze Gemeinschaft geistig zu führen. Er sagte, wann der richtige Tag sei, um ein Opfer zu bringen. Er deutete besondere Zeichen, die auftraten. Was es zum Beispiel bedeutete, wenn ein bestimmtes, sonst im tiefen Wald lebendes Tier sich dem Dorf näherte. Er verstand es vorauszusagen, wenn besonders trockene Zeiten oder Regenfluten zu erwarten waren. Unendlich viele Menschen kamen, um bei ihm Rat zu suchen.

Kofi zeigte mir seines Vaters Raum und sagte, dort habe er sich fast immer aufgehalten. „Er war immer ganz ruhig und

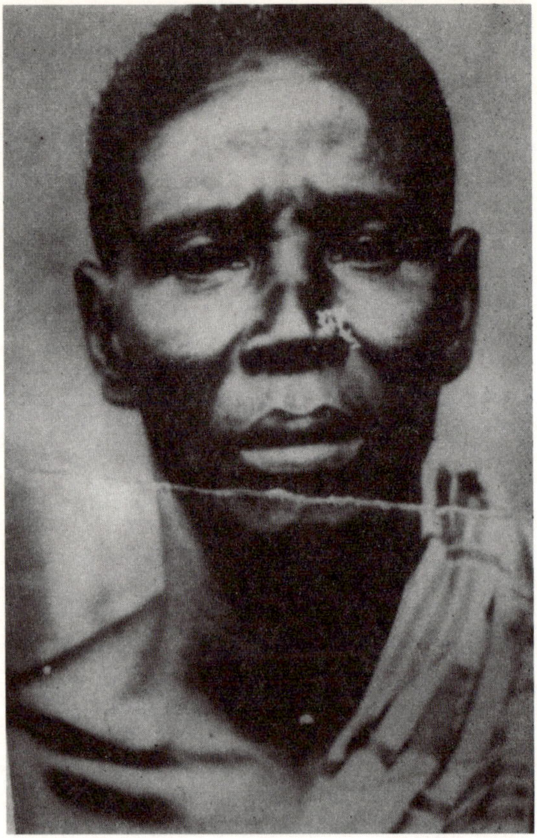

Kofis Vater

mild. Nur manchmal war er unansprechbar. Dann war er nur körperlich anwesend. Wenn irgend etwas geschah, er wußte genau Bescheid, obwohl er äußerlich nicht hinging. Fotografiert werden wollte er nicht. Das sei nicht gut. Es gibt nur ein einziges Bild von ihm. Seine drei Frauen lebten in absoluter Verträglichkeit. Auch nach seinem Tod hat nie etwas den Frieden gestört. Von den 26 Kindern waren nur drei Knaben, zwei Zwillinge und ich."

Indem wir so von ihm sprachen, verdichtete sich mir der Eindruck, daß er der schützende Geist über diesem friedvollen Ort ist. Heute früh erzählte mir Kofi, er habe einen sehr schönen Traum gehabt. Er sei auf einem Weg gegangen. Als er sich umgesehen habe, habe er seinen Vater erblickt – groß und leuchtend, ihm zulächelnd.

Ich fragte, ob es auch heute Menschen mit solchen Fähigkeiten gäbe. Nana Drobo sei so einer gewesen, sagte er, aber er habe es verdorben. Dann habe er gehört, es gäbe noch einen weiter nördlich. Er habe ihn aber noch nicht kennengelernt.

Im Norden grenzt Ghana an die ehemals französische Kolonie Burkina Faso. Dann kommt die riesige, sich nach Süden täglich ausdehnende Sahara. Im Juli fuhr Kofi mit einer Gruppe ökologischer Berater dorthin. Der Anblick, der sich ihnen bot, erschütterte sie zutiefst, und zwar so sehr, daß mehrere mit ihm im Januar wieder hin wollen, um zu helfen.

Kilometerweit ist dort nur roter verbrannter Boden. Kein Baum, kein Grün. Die Menschen ziehen weite Strecken, um ihr Vieh grasen zu lassen. Weither tragen die Kinder das nötigste Trinkwasser auf dem Kopf herbei.

Ein Alter erzählte ihnen: „Vor 80 Jahren war hier noch der Löwe. Riesige grüne Savannen mit Zebra, Gnu, Antilope und Giraffe. Und es gab genügend Regen. Jetzt regnet es sechs Monate lang keinen Tropfen, und die Sahara verschlingt das Land.“ Und der Alte sagte ihnen: „Heute wir, morgen ihr!“

Sie wollen helfen gehen. Denn letztlich liegt alles am falschen Verhalten der Menschen, und das kann verändert werden. Kofi will an dem Ort, an dem er war, zeigen, wie durch Kompost in Gruben, Nutzen des Kuhdüngers und vor allem Bäumepflanzen etwas gebessert werden kann. Fällt Burkina Faso der Sahara gänzlich zum Opfer, kommt Ghana an die Reihe. Im Norden sind die ersten Anzeichen schon unübersehbar.

Wie konnte es dazu jemals kommen? Die französischen Kolonialherren brachten immer mehr Menschen der ländlichen Bevölkerung dazu, ihr Dorf zu verlassen und den neuen Herren in der Stadt zu dienen. Sie kauften das Land auf, und auf den entstehenden riesigen Gütern wurde „Fleisch produziert“. Die Herden wurden immer größer. Alles Grün wurde verschlungen. Für eine kurze Zeit brachte dies das Land zu Reichtum. Nun aber wird die Rechnung bezahlt. An vielen Stellen der Welt werden die Kinder für die Sünden ihrer Väter noch büßen müssen. Hier ist es nur besonders schnell gegangen.

Heute nachmittag kam der Kräutersammler zu weiteren Gesprächen. Ich möchte seine Ansicht über die Natur der Sterne hören. Er sagt: „Die Sterne sind die funkelnden Edelsteine Gottes, die er ausgestreut hat, um uns etwas von der Schönheit und Majestät der himmlischen Welt zu zeigen. Ab und zu fällt einer herab. Jeder Mensch freut sich darüber, wenn er eine Sternschnuppe fallen sieht. Aber auch die Naturwesen freuen sich, denn die Erde bekommt davon Impulse der Fruchtbarkeit.“

Ich frage ihn noch einmal, wovon er sich bei seiner Suche nach den richtigen Heilkräutern für einen Kranken leiten läßt. Er sagt: „Ich kann es nur mit Hilfe der Engel. Sie leiten mich, es ist nicht mein Verdienst.“

Auch möchte ich etwas vom letzten Mal noch genauer wissen. Er hatte davon gesprochen, daß es Orte gibt, wo der Reigen schützender Geister durch dunkle durchbrochen wird. Woher das kommt? – „Die Ursache kann Jahrhunderte zurückliegen. Wenn an einem Ort ein Mensch mit starken Geisteskräften gelebt und diese mißbraucht hat, dann bleibt die Aura des Ortes durch lange Zeiten verdunkelt.“

Ich frage ihn auch noch einmal nach der Wiederkunft Christi. Warum sagt das Evangelium, sie werde wie ein Blitz sein? – „Das erste Kommen Christi war wie ein Licht, das uns von der Finsternis befreit hat. Aber wir sind uns dessen noch nicht bewußt geworden. Sein zweites Kommen wird uns blitzartig bewußt werden lassen, was existentiell längst da ist."

Wie denkt man in Afrika über den Blitz? – „In dem Ashanti-Volk hat man einen solchen Respekt davor, daß man das Wort dafür" – Agrada – „gar nicht aussprechen möchte. Der Blitz" – und jetzt kommt etwas, das mich ungeheuer überraschte – „ist ein glühender Stein, genannt die Axt Gottes. Er ist immer keilförmig und nicht größer als ein Daumen. Wer ihn findet, behält ihn als einen kostbaren Schatz und vergräbt ihn schließlich zur Steigerung der Fruchtbarkeit in sein Land."

Vor vier Monaten sei er gerufen worden, als im Nachbardorf eine Frau vom Blitz erschlagen wurde. Sie habe eine schwere Lüge ausgesprochen und sei von der „Axt Gottes" getroffen worden.

Später sprachen wir auch mit den anderen über diesen geheimnisvollen Stein. Der alte Stiefvater erzählte, wie er als Junge erlebt habe, wie vor ihm der Blitz einschlug, dann durch die Haustür ins Haus sprang und alles verbrannte. Und er fügte hinzu, man könne den Stein nicht sogleich finden, er fahre in die Tiefe und komme erst nach sieben Jahren an die Oberfläche.

Ein Mitarbeiter Kofis eilte nach Hause, um einen solchen Axt-Gottes-Stein zu holen, den er vor Jahren gefunden und als einen Schatz gehütet habe.

Ich war sehr gespannt, ihn zu sehen. Es war ein daumengroßer Sandstein, vorne wie die Scheide einer Axt gebildet. Forscher würden ihn wohl als prähistorisches Werkzeug einordnen. Alle Anwesenden behaupteten fest, da irre die Wissenschaft, in Wahrheit sei der Blitz dieser glühende Stein. Alle Afrikaner seien überzeugt davon. Es habe schon im Ghana-Fernsehen Diskussionen darüber zwischen europäischen Wissenschaftlern und Afrikanern gegeben. Doch die Europäer verstünden das einfach nicht.

Die Frage nach dem Blitz, seiner Herkunft und seinem Wesen zeigt wohl besonders deutlich, wie leicht sich alte Geistigkeit mit Aberglauben verbindet. Die deutliche Ahnung, daß im Aufleuchten des Blitzes eine höhere Wirklichkeit in diese Wirklichkeit hineinleuchtet, die nicht nur einfach mit Elektrizität erklärt werden kann, führt zu solch einer Vorstellung, wie sie beschrieben wurde.

Hinzu kommt, daß die wissenschaftliche Erklärung, mit der elektrischen Spannung und ihrer Entladung, das komplexe Phänomen Blitz auch keineswegs erklären kann. Sie erfaßt nur einen kleinen Teil der gesamten Wirklichkeit. Nimmt man sie aber als vollständige Erklärung, so hat man auch nur einen Aberglauben.

Es ist hier nicht der Ort, um uns auf eingehendere Weise diesem gewaltigen Naturphänomen zu nähern. Es gibt aber im anthroposophischen Zusammenhang einige gründliche Arbeiten darüber. Hier zeigt sich sehr deutlich, wie notwendig eine moderne exakte Geisteswissenschaft ist, um die geistig-physische Gesamtwirklichkeit zu erfassen. Erst dann kann eine Brücke zwischen Glauben und Wissen gefunden werden. Und erst dann wird auch die tiefe Kluft zwischen Afrika und der europäischen „modernen" Welt geschlossen werden können.

Freitag, 18. September 1992

Heute Nacht habe ich verstanden, warum die Ameisen gewandert sind, um einen geschützten Ort zu finden. Direkt über uns tobte ein gewaltiges Gewitter. Donnerschläge, die einen fast aus dem Bett warfen, und Blitze, bei denen das gestrige Gespräch einem wieder sehr lebendig wurde. Ich muß gestehen, daß ich fast darauf wartete, daß die „Axt Gottes" mich ungläubigen Whiteman erwischt. – Stundenlange Wolkenbrüche brachten soviel Wasser, daß das Meßgefäß für Niederschläge, das ich mitgebracht habe, nicht mehr ausreichte. So sammelt der tropische Regenwald die Feuchtigkeit, die dann für drei Monate Trockenzeit ausreichen muß.

Kofi hat bereits eine Anzahl sehr tüchtiger Mitarbeiter. Vor drei Jahren stieß der erste, Yaw, zu ihm. Er interessierte sich für das, was Kofi mit dem Kompost machte, kam, fragte und fing an, ihm zu helfen. So wurde er nach und nach sein Mitstreiter. Er ist klein gewachsen, hat milde fragende Augen und ist vom Schicksal gezeichnet. Vor Jahren stürzte ein Baum so unglücklich auf ihn, daß er mit gebrochenen Beinen zwei Tage unter ihm liegen blieb, bis er gefunden und befreit wurde. In der fast zweijährigen Krankenhauszeit im Anschluß hatte er ein entscheidendes inneres Erlebnis, so daß er sich völlig mit diesem Schicksal verbinden konnte, auch wenn die Beine nicht mehr ganz ordentlich zusammenwuchsen.

Yaw bat mich beim ersten Besuch, ihm eine bestimmte englische Bibel zu schicken. Diese ist nun sein größter Schatz. Seit drei Monaten besucht er in Kumasi einen Intensivkurs in Holzbearbeitung. 19 Monate dauert der Kurs. Dann wird er die auf dem Crudof-Gelände geplante Holzwerkstatt übernehmen und Lehrlinge ausbilden. In dieser Ausbildungszeit wohnt er mit seiner Frau und den Kindern in Kumasi. Nur am Wochenende kommt er nach Saakrom. Er ist 32 Jahre alt.

Der zweite, der sich hinzugesellte, heißt Kodjo. Er ist aus ganz anderem Holz geschnitzt als Yaw. Klein, sehnig und enorm stark hört man ihn von weitem bei jedem Schlag stöhnen, wenn er einen Baum umhaut.

Er hat das Schmiedehandwerk erkoren und stürzt sich mit Feuereifer in seine Ausbildung. Es fand sich ein Schmied, der nach Saakrom zu kommen bereit war. Er ist nun sein Meister. 20 Monate soll die Ausbildungszeit dauern. Dann wird Kodjo der Schmied von Crudof sein und viele Eisenknaben ausbil-

Kodjo, der Schmied

den. Kodjo ist schon 35 Jahre alt, hat eine Frau aus Togo, die dem Aussehen und Charakter nach seine Schwester sein könnte, und zwei Kinder. Doch ist er von allen der Jüngste. Nie sitzt er länger als drei Minuten still. Morgens ist er der erste, der zur Arbeit geht und schuftet, daß der Schweiß in Strömen fließt.

Die dritte im Bunde heißt Evija. Sie ist bislang die einzige Frau, aber sie kann sich durchaus behaupten. Sie kommt aus einer Familie mit neun Kindern aus Saakrom. Ihre Mutter könnte ihre ältere Schwester sein, so jung wirkt sie noch. Evija ist 32 Jahre alt und hat selbst zwei 10- und 11jährige Töchter. Mit ihrem Mann hat sie viel Kummer gehabt. Er fing an zu trinken und ist davon.

Evija soll eine zweijährige Ausbildung als Krankenschwester machen und dann die so dringend nötige Krankenstation leiten. Jetzt ist die nächste erreichbare 16 km entfernt. Früher mußte man oft Menschen dorthin tragen. Seit Crudof Schubkarren besitzt, wurden schon elf Menschen per Schubkarren dorthin gebracht. Man sollte fast ein rotes Kreuz an sie malen.

Die zwei Töchter von Evija sind unter den Fittichen ihrer eigenen Mutter in der Großfamilie bestens aufgehoben. Das ist hier kein Problem. Man ist in der Familie in den größeren Zusammenhang eingebettet.

Der jüngste Mitarbeiter ist 26 Jahre alt und heißt Kwami. Er hat Frau und Kind und kommt täglich aus dem Nachbardorf herüber. Er ist ein ruhiger, bedächtiger Mensch, von dem Autorität ausstrahlt. Er macht eine Art intensiver Allround-Ausbildung in zehn Monaten. Bereits hinter sich hat er den Kurs über Imkerei, jetzt kommt Maurerei, Geflügelhaltung und wie man mit Eseln als Zugtieren umgehen kann.

Dann kommt der Nachwuchs. Das sind fünf Jungen und ein Mädchen. Um diese herum scharen sich eine wechselnde Anzahl von Jugendlichen, die immer wiederkommen und gern dazugehören würden.

So ruht das ganze Unternehmen, schon bevor es recht begonnen hat, auf mehreren Schultern und ist von der menschlichen Vielfalt her sehr bunt.

Platz für eine Waldorfschule ist vorhanden. Da Kofi ein ausgezeichneter Lehrer ist, wird sich sicher auch ein kleines Lehrerkollegium finden lassen. Wahrscheinlich wird es eine sehr handwerklich und landwirtschaftlich orientierte Schule geben. Da wird endlich einmal die bisher noch viel zu wenig gewürdigte Seite der Waldorfschule voll in Erscheinung kommen: der Gartenbauunterricht. Ist doch die Waldorfschule eine solche, die schon seit 1919 eine ökologische Erziehung praktiziert.

Samstag, 19. September 1992

Von Kofis alter Mutter werden unter Mithilfe seiner ältesten Schwester jeden Tag mindestens 15 Menschen verköstigt. Immer wieder hilft die eine oder andere Frau mit, und immer wieder sind noch zusätzliche Esser zu versorgen.

Die Kinder besorgen das Feuerholz und das Wasser. Beides wird auf dem Kopf herbeigetragen. Vom eigenen Land werden die Früchte geholt, die den Grundstock für die traditionelle afrikanische Ernährung bilden: Yams, Cocoyam und Kasawa, drei verschiedene Wurzeln, dann Plantaine, die Verwandte der Banane, und Mais, dazu die verschiedensten Gemüse. Alles wird mit viel Vitamin-A-reichem Palmöl zubereitet. Auch mit Gewürzen wird nicht gespart.

Besonders charakteristisch ist Fufu. Überall in Afrika kann man seine Zubereitung sehen und hören. In einer geölten

Blick in eine Küche

Holzschale wird ein Teig aus Plantaine und Kasawa mit einem großen Holzstampfer gestoßen. Einer steht und stampft, der andere sitzt vor der Schale und wendet den Teig mit der Hand zwischen zwei Stößen. Manchmal sind es sogar zwei Stampfer, die abwechselnd stoßen. Dann muß der Sitzende noch geschickter wenden. Die ganze Prozedur dauert etwa eine Stunde. Dann ist der Teig ganz luftig aufgegangen wie ein Hefekuchen.

Heute morgen war ein wunderbar zartes Purpurrot am Morgenhimmel. In der Nacht war der Himmel so sternenklar, wie ich es wohl noch nie gesehen habe. Da alle schon um kurz nach 8.00 Uhr zu Bett gingen, war ich noch lange allein unterwegs. Wieder staunte ich über die Helligkeit des Sternenlichtes. Während man am Abend vorher bei bewölktem Himmel nicht die Hand vor Augen sehen konnte, war es jetzt doch leidlich hell. Dabei sind die Lichtquellen ja wahrlich weit genug entfernt. Ich habe auch gar nicht den Eindruck, daß es so sehr die einzelnen Sterne sind, sondern vielmehr etwas wie ein allgemeines zartes Leuchten. Besonders eindrucksvoll war mir gestern die Milchstraße in ihrer ganzen Differenziertheit. Das ist einfach alles unglaublich schön.

Es hat eine Weile gebraucht, bis ich mich ganz unter den Sternbildern zurechtfinden konnte, weil alles verdreht ist. Gestern gelang es mir dann endlich, den „Drehpunkt", den Polarstern, zu finden. Dicht über dem Horizont! Der Kleine Wagen ist zu sehen, den Großen Wagen sieht man hier nie. Immer wieder wandert der Blick zu dem großartigen Bild des Skorpions, im Südwesten sich zum Untergang neigend. Es beherrscht hier alles.

Der Medizinmann kam zu weiteren Gesprächen. Ihm scheint es mittlerweile auch sehr spannend geworden zu sein, welche Themen zur Aussprache kommen.

Ich sage zu ihm, daß viele Menschen in Europa mit bestimmten sorgenvollen Empfindungen auf das Jahr 2000 hinblicken. Was er mit dieser Jahreszahl verbindet? – „Das Jahr

2000 ist eigentlich ein ganzer Abschnitt von Jahren, der bald beginnen wird und wirklich von besonderer Art ist. Es wird ein neuer Impuls aus der geistigen Welt kommen, der die Seelen ergreifen wird. Ein Impuls zum Aufbau einer neuen menschenwürdigen Kultur über die ganze Erde hin."

Wir blicken zurück auf das Jahr 1984. Da kam auch ein die Seelen ergreifender Impuls, aber mehr in Fortschritt hemmender Weise. War noch bis 1983 überall auf der Welt eine Fülle junger Menschen mit Idealen für den Frieden, Ökologie und soziales Tun angetreten, trat plötzlich der Typ des jungen Managers auf. War vorher der Andrang zu sozialen Berufen groß, wollten jetzt plötzlich alle Betriebswirtschaft u.ä. studieren.

„Ja, in diesem Jahr", so sagte er, „ist tief in den Seelen ein verstärkter egoistischer Instinkt erwacht. Damit sind wir noch nicht fertig. Das wird noch bis in das Jahr 1994 weiterwirken. Dann aber kommt etwas Neues, Gutes. Impulse des Aufbauens. Gelingt es auch nur Weniges aufzubauen – denn auch die Widerstände werden sich verstärken –, dann wird die Wirkung in der Zukunft eine große und bedeutende sein."

Ich erwähne, daß ich an neugeborenen Kindern, besonders während der Taufe, eine sich von Jahr zu Jahr steigernde Wachheit bemerke. – „In den Kindern lebt dieser Impuls schon. In der geistigen Welt ist alles gereinigt und hell strahlend. Das bringen sie als Bewußtseinskraft mit."

Wir sprechen noch von 1968. Auch damals war ein starker geistiger Impuls vorhanden und gleichzeitig die Aufgabe, ihn zu ergreifen. Er konnte das hier genauso beobachten wie wir in Europa. – Auch den Mord an John F. Kennedy spreche ich an. Er erwidert, daß er sich an diesen Tag auch noch genau erinnere, als an einen Tag, da man kaum wußte, wie die Welt weitergehen sollte?

Mit der tiefen Gewißheit, daß die eine geistige Welt uns über die ganze Welt hin verbindet, scheiden wir aus diesem Gespräch.

Sonntag, 20. September 1992

Heute kam der Häuptling, dem hier alles Land gehört. Er stammt aus der Familie, die als erste vor Urzeiten dieses Gebiet eingenommen hat. Deshalb hat er die Verfügungsgewalt. Will einer Land kaufen, so muß er seine Zustimmung geben, ebenso wenn einer Land verkaufen will. Mit Grundstücken spekulieren, was in Europa soviel Unheil anrichtet, das kann keiner. Denn wird etwas verkauft, dann bekommt der König mit seinen Vizekönigen den Erlös. Diese allerdings führen ein drohnenartiges Dasein, dessen Berechtigung niemand mehr recht einsehen kann. Der verfügungsgewaltige Häuptling bekommt auch nichts von dem Geld. Er ist arm wie alle hier.

Er ist ein ruhiger, bedächtiger Mensch mit einem edlen Antlitz und gütigen Augen. Er ist völlig einverstanden, daß zu dem Crudof-Gelände noch die angrenzenden 5.1/2 ha Land hinzukommen. Er ist stolz auf „unser" Crudof, wie er sich ausdrückt. Kofi ist einer der ihren, und sie haben verstanden, daß das, was hier entsteht, zum Heil der ganzen Region werden wird. Der Häuptling schlug vor, daß wir das Land kostenlos bekommen sollen, weil es einem so guten Zweck dienen wird. Kofi aber besteht auf einem Kaufvertrag: „Keiner weiß, ob der Nachfolger dieses Landbesitzers auch so großherzig denken wird, dann gibt ein Kaufvertrag mehr Sicherheit." Nun wird der Häuptling über einen symbolischen Kaufpreis nachdenken.

Unser Gelände wird dadurch auf etwa 14 ha vergrößert, und eröffnet neue Möglichkeiten. Wir werden auch genügend Farmland brauchen, um die vielen Menschen, die im Zentrum arbeiten und leben werden, zu sättigen.

Heute ist das Wetter wie an der Küste. Ein frischer Wind gestaltet es wechselhaft. Regen wechselt mit Sonnenschein. Am Himmel fahren Wolkenschiffe dahin von einer Größe und Herrlichkeit, wie es sie wohl nur in den Tropen gibt.

Morgens besuchte ich wieder den methodistischen Gottesdienst. Kofi hat heute die Predigt zu halten. Er hat ein Seminar besucht und ist ein richtig ausgebildeter Prediger. Allerdings übt er das Predigen nur noch gelegentlich aus. Heute hatten besonders viele Menschen Früchte zur Versteigerung mitgebracht, die alle vorn wie eine Opfergabe niedergelegt wurden. Denn es sollte für drei gute Zwecke gesammelt werden:

Erstens für den Bau eines Hauses für einen Prediger. Er kommt jetzt immer aus dem Nachbardorf. Das ist nicht teuer, denn die traditionelle Bauweise ist sehr einfach. Man nimmt Bambus und Lianen und verfertigt damit einen Rohbau. Die Wände werden mit Ton ausgefüllt, das Dach mit Raffia gedeckt. – Zweitens für ein neugeborenes Kind aus der Gemeinde. – Drittens zur Hilfe für die Familie, deren Haus vor zwei Wochen zusammengebrochen war. Ich hatte mir sowieso vorgenommen, dieser Familie zu helfen. So ersteigerte ich einige Kokosnüsse, Tomaten und Bananen und für einen extra großen Betrag ein Brot, das nach dem Gottesdienst unter den Kindern verteilt wurde.

So kam eine erkleckliche Summe zustande. Als sie von dem fleißig rechnenden Prediger verkündet wurde, brach großer Jubel aus. Alle fingen an zu tanzen und sangen dazu aus Leibeskräften. Es dröhnte mir noch lange hinterher in den Ohren. Trotzdem würde ich ein weniges dieser Freudigkeit gern in unsere Gemeinden mitnehmen. Da würde man gern die beiden Welten etwas mischen.

Während mir nach der Erfahrung des ersten Gottesdienstes vor zwei Wochen Zweifel gekommen waren, ob hier in absehbarer Zukunft die Weihehandlung aufgenommen werden könnte, habe ich daran keinen Zweifel mehr. Nur würde das ganze Gemeindeleben sich etwas anders gestalten als bei uns in Deutschland. Ab und zu müßte etwas Tanz und Trommeln und Wettspenden zu seinem Recht kommen dürfen.

Der ganze heutige Tag war erfüllt von einer schönen frischen Sonntagsstimmung. Über dem Land lag etwas wie ein Zauber der Verheißung.

Montag, 21. September 1992

Hier in Saakrom sind die Menschen sehr gesund. Es kommt selten vor, daß einer krank daniederliegt. Als ich den Medizinmann und Kofi frage, wie es hier mit der Malaria stehe, lachen sie nur. Vor der haben sie gar keine Angst. Sie sei sehr selten. Auch gäbe es Kräuter, mit denen sie geheilt werden könnte. In den Städten sei es allerdings anders. Dort seien die Menschen im allgemeinen kränker, und Malaria sei auch ein Problem, mit dem sich viele Menschen quälten.

Ich nehme trotzdem brav jede Woche meine Chemikalie als Prophylaxe. Wenn ich allerdings auf dem Beipackzettel die möglichen Nebenwirkungen lese, wird mir ganz mulmig zumute. Bisher habe ich zum Glück nichts davon bemerkt. Auch habe ich in den bisher drei Wochen kaum eine Mücke gesehen.

Der Malaria verdankt Westafrika, daß es vom Tourismus vollständig verschont bleibt. Der weiße Mann hat Angst vor ihr und hält sich fern. Das trägt sicher dazu bei, daß dieser Teil Afrikas noch soviel seiner Ursprünglichkeit bewahrt hat. In Ostafrika, wo der Tourismus blüht, soll das ganz anders sein. Wo immer ein Weißer auftaucht, kommen Scharen von Kindern, um ihn anzubetteln. Etwas, das hier ganz undenkbar wäre. In aller äußeren Armut und Bescheidenheit leben die Menschen in großer Würde.

Vor allen Dingen ist der einzelne ganz eingebettet in die Gemeinschaft und wird von ihr getragen. Als ich einigen hier erzählte, daß in unseren Großstädten mehr als die Hälfte der Wohnungen nur von einem Menschen bewohnt sind, begegnete mir nur ungläubiges Staunen. „So kann der Mensch doch nicht leben!" – Die höchste Steigerung unseres extremen Individualismus ist durch das Automobil gekommen. Man braucht nur mit dem Wort etwas zu spielen, dann wird es deutlich: Autos ist griechisch und heißt selbst. Wir könnten es durch Ego, das Wort für Ich ersetzen. Da sitzen wir in unseren Egomobilen, jeder Mitmensch wird zum potentiellen Unfallgegner. Ja, wir müssen im Straßenverkehr eigentlich aufhören, vom Mitmenschen zu reden. Gegenmenschen sind sie alle.

Von einem solchen unterentwickelten Land der Dritten Welt auf unser altes Europa geblickt, erscheint manches in einem neuen Licht. Natürlich können wir nicht zurück in die alten Sippenverbände. Und doch kann diese Vereinzelung kein Dauerzustand sein. „So kann der Mensch doch nicht leben!" Vielleicht sollten wir noch viel mutiger aufeinander zugehen.

Von einem Rentner hörte ich, den seine Einsamkeit plagte. Als er Studenten seiner Heimatstadt an der Mensa Schlangestehen sah, kam ihm eine gute Idee. Er sprach mutig ein paar an. Wenn sie wollten, könnten sie morgen mittag bei ihm zu Hause zum selben Preis eine etwas gemütlichere Tafelrunde finden. Seither bekocht er einige junge Leute, freut sich seiner Aufgabe und kennt keine Einsamkeit mehr.

Interessant erscheint mir auch, wie viele Menschen ihre Ferien auf Campingplätzen verbringen, wo das Leben ähnlich nah ist wie hier im Dorf. Da kommt neben finanziellen Gründen die urtümliche Sehnsucht nach Gemeinschaft heftig zur Geltung. Hier ist immer „Camping", nur daß die Menschen in strengen Ordnungen gehalten sind. Keiner kann „ausrasten", jeder gibt auf jeden acht. Jeder ist seines Bruders Hüter. Vielleicht liegt der Sinn der Vereinzelung gerade darinnen, daß jeder lernt, sein eigener Hüter zu werden.

Noch etwas anderes wird mir von hier aus deutlich. Wenn ich im Dorf schaue, welche Maschinen und elektronischen Geräte es gibt, dann sehe ich eine alte, von einem Dieselmotor getriebene Mühle und ein paar Kofferradios (die waren vor zwei Jahren übrigens noch nicht da und machen sich sehr störend bemerkbar). Von wie vielen Maschinen und Geräten sind wir dagegen umstellt! Mehr Maschinen als Menschen bewohnen die Stadt.

Und wie der Wald hier so etwas wie eine starke einhüllende Ausstrahlung hat, so haben auch alle menschengemachten Geräte eine Ausstrahlung. Die ist aber um so kälter, je perfekter das Gerät ist. Bin ich hier eingebettet in die wärmende mütterliche Hülle der Natur, so muß ich in Europa vieles aufbringen, um nicht auch von der Seelenkälte, die mich so reichlich umgibt, ergriffen zu werden.

Heute wurde ich von drei Jungen in den dichten Urwald geführt. Ein schmaler Pfad zwischen regennassen Sträuchern und Lianen, vorbei an gewaltigen Bäumen im dämmrigen Licht des Blätterdaches über uns. Es war so, wie ich es bisher nur in Filmen gesehen hatte. Wir mußten zweimal durch knietiefe Flüsse waten. Durch die Regenfälle ist jetzt Wasser in Fülle vorhanden. Besonders eindrucksvoll war ein bereits abgestorbener, viele hundert Jahre alter Mahagonibaum, überwuchert von vielfältigen Rankengewächsen. Nach etwa eineinhalb Stunden gebückten Wanderns durch diese geheimnisvolle Welt war der Pfad plötzlich zu Ende. Es blieb uns nichts übrig als umzukehren.

Als wir die Flüsse wieder überquerten, wollte ich fotografieren. Meine Begleiter winkten ab. Die Flüsse hätten das nicht gern, wenn man sie fotografiert. Ich war zunächst verwundert, dachte dann aber, wie schön, daß ein Fluß als ein Wesen angesehen wird.

Dienstag, 22. September 1992

Heute ist bereits mein drittletzter Tag in diesem Paradies. Kodjo kommt und sagt, er sei traurig, daß ich gehen werde.

„I want you to stay here for ever and ever.“

Kofi mußte heute früh nach Kumasi. Um 3.30 Uhr kam der umgebaute Lkw mit großem Getöse. Weil sie unterwegs steckenblieben und bis zur Straße zu Fuß weiter mußten, erreichte er Kumasi erst um 10.30 Uhr. Er mußte dort Unterlagen holen, mit denen er am Freitag in Accra ein Konto eröffnen will, auf das auch vom Ausland her Geld überwiesen werden kann. Bisher war es recht schwierig, ihm Unterstützung zukommen zu lassen. Bei meinem Hinflug war ich ziemlich dick, so viele Dollars steckten in meinen Strümpfen und Hosentaschen. Das wird nun einfacher werden.

Kürzlich tauchte ein Mädchen aus Kumasi auf, die so ein richtiges Stadtkind war. Sie sagte, es gefiele ihr hier gar nicht. Warum? Wenn es wenigstens Elektrizität gäbe! Dann könnte man ordentliches Essen im Kühlschrank aufbewahren und fernsehen. Aber so sei das doch kein Leben. Ich sagte ihr: „Schau, soviel braucht der Mensch doch gar nicht, um glücklich zu sein. Er braucht eine sinnvolle Aufgabe und eine gute Gemeinschaft.“ – „Stimmt eigentlich!“ meint sie.– „Und das haben die Leute hier, und sie sind glücklich.“

Als sie etwas aufgetaut war, rückte sie heraus: „Ich war schon in Deutschland!“ – „Was hast Du da gemacht?“ – „Sie haben mich zurückgeschickt. Aber mein Bruder probiert es jetzt. Doch ich denke, er wird auch bald wieder da sein.“

Da begegnete mir unser Asylproblem einmal von der anderen Seite. Offenbar träumen hier viele junge Leute von Deutschland als einer Art Märchenland. Man geht dorthin, arbeitet ein wenig und kehrt als Reicher zurück. So ist die Illusion, der sie sich hingeben.

Man wird in Deutschland natürlich nicht alle aufnehmen können. Aber wie können wir die einzelnen, die nun wirklich verfolgt werden, herausfinden? Wir schicken sie in den Tod, wenn wir sie zurückweisen. Vielleicht wird nichts anderes übrigbleiben, als Menschen mit großer Menschenkenntnis damit zu betrauen, individuell zu entscheiden. Auf jeden Fall

 Fortsetzung auf Seite 85

Bildteil

Mächtig sind die Bäume

Die rote Erde

Sonnenaufgang

Ein Junge klettert, um Kokosnüsse zu holen

Die Straße

Im Dorf Saakrom

Mächtige Wolken der Regenzeit

Kofi mit einigen Mitarbeitern am Crudof-Gelände

Beim Ausflug in den Urwald

Kofi, Kodjo und Kwami mit Mandarinen und Kola-Frucht

Aus dem Fluß wurde früher alles Wasser geholt

Wolkenschiff

Der Friedhof am Rand des Dorfes

Der mitgebrachte Beinwell gedeiht

Junge Teakholzbäume; nach 10–12 Jahren können sie geschlagen werden

Hans Gilck, Kwanni, der Medizinmann, Dufie (Kofis Schwester), Dieter Hornemann

Gruppenfoto nach der Einweihungsfeier

Der Eigentümer des Landes pflanzt als Symbol des Lebens eine Palme

The old man, Kofis 84jährige Mutter und eine ihrer Enkelinnen

Der Häuptling im Kreis der Männer zur Beratung

Kondolierende Gäste

Alles wird auf dem Kopf getragen – mit Ausnahme des Radios ...

Fufu wird gestampft

Der Hausputz

Ein neugeborenes Lamm

Hier wohnt Kofis Familie

Dieser alte Mann sprach ein gewichtiges Wort, daß Kofi das Gelände bekam

Der Jäger

Die Kinder!

Die Kinderspiele sind einfach und freudig

ist das Problem immens und eignet sich nicht für Wahlkämpfe und simple Schlagworte.

Wären Deutschlands Grenzen schon damals dicht gewesen, gäbe es Kofi vielleicht nicht mehr und Crudof wäre nicht entstanden. Auf der anderen Seite können wir niemals all die Abenteurer verkraften, die vom materialistischen Paradies so magnetisch angezogen werden.

Ja, vielleicht wäre das eine Möglichkeit. So wie es das Ehrenamt des Geschworenen gibt, könnte man erfahrene Menschen, die nicht mehr im Berufsleben stehen, bitten, über Asylgesuche gleich an der Grenze zu entscheiden. Eine ideale Lösung wird es nie geben. Aber so wäre doch wenigstens eine Möglichkeit zur Individualisierung. Nach positiver Entscheidung könnte sich immer noch eine Art Asylverfahren anschließen, bevor endgültig Asyl gewährt wird. Aber ein großer Teil der Ankömmlinge würde durchaus zu Recht – wie dieses Mädchen und ihr Bruder – gleich zurückgeschickt werden. Sie lügen schließlich, wenn sie von Verfolgung reden.

Heute abend haben wir einen besonderen Menschen besucht. Er ist der einzige Jäger in Saakrom. Vom Aussehen her könnte man ihn auf 60 Jahre schätzen. Er ist aber 77 Jahre alt und geht seinem Handwerk schon 57 Jahre nach. Fast jede Nacht geht er in den tiefen Urwald. Er kennt dort jedes Tier, und die Tiere kennen ihn. Er geht immer barfuß, in Schuhen fühlt er sich nicht wohl. Er kann unglaubliche Begebenheiten erzählen. Auch Erfahrungen mit Waldgeistern, mit guten wie auch mit bösen, sind ihm geläufig. Ich fragte ihn, ob er sich nicht manchmal fürchtet? Furcht habe er nie, war seine Antwort.

Wenn Tiere Junge haben, kommen sie zu ihm und zeigen sie ihm. Denn sie wissen, daß er dann nicht auf sie schießen wird. – An seiner Stirn trägt er eine Art Grubenlicht. Erst lockt er durch Imitation ihrer Stimme die Antilopen und andere Waldtiere an, dann richtet er seine Lampe auf sie und sieht ihre phosphorischen Augen. Dann weiß er, wohin er schießen muß.

Ich frage ihn nach eigenen Erfahrungen mit Waldgeistern. Er sagt, es gäbe hier im Umkreis vier böse Waldgeister, mit einem von ihnen habe er selbst eine Begegnung gehabt. Einmal sei er gemeinsam mit einem Freund nachts im tiefen Wald an eine Stelle gekommen, wo er noch niemals zuvor gewesen sei. Plötzlich sei vor ihnen ein riesiges Ungeheuer aufgetaucht. Der Freund richtete das Gewehr darauf und drückte ab. Aber kein Schuß löste sich. Er lud noch einmal, wieder ohne Erfolg. Davon bekam er solche Angst, daß er sein Gewehr hinwarf und davonrannte. Zu Hause starb er von diesem Schrecken. Er selbst sank bewußtlos zu Boden und hörte in einer Art Trance, wie der Geist zu ihm sprach: „Komme nie wieder an diesen Ort!" Er sei nach Hause zurückgekehrt und tatsächlich nie wieder in die Nähe dieses Ortes gegangen.

Kofi war der Name dieses Waldgeistes geläufig. Er sagte, niemand in Saakrom könne diesen Namen hören, ohne daß ihm ein Schauer über den Rücken laufe. Einmal habe er einen Bock geschossen, der von einem bösen Geist besessen gewesen sei. Dieser habe sich totgestellt und ihn nah herankommen lassen. Dann sei er aufgesprungen und habe sich auf ihn gestürzt. Als er unter dem Bock gelegen habe und in höchster Not gewesen sei, da habe er zu dem äußersten Mittel gegriffen, das ihm für solche Fälle zur Verfügung stehe. Von seinem Lehrer habe er einst einen Spruch gelernt zur Rettung in größter Not. Diesen habe er ausgesprochen, so daß der Bock von ihm abgelassen habe.

Ich fühlte mich nach dieser und anderen Erzählungen ganz an die Zeiten der Märchen der Brüder Grimm zurückversetzt. Man fragt sich hier oft: Schreiben wir wirklich das Jahr 1992? Diese Reise nach Afrika ist nicht nur eine Reise von einem Ort der Erde zu einem anderen, sondern auch eine Reise in vergangene Zeiten.

Mittwoch, 23. September 1992

Heute um 7.00 Uhr war bereits der einflußreiche Häuptling vom Nachbardorf hier, dem das ganze Land gehört. Er wolle das Land, das zu Crudof noch hinzukommen soll, selbst abschreiten. Dann machte er einen sehr schönen Vorschlag über den Kaufpreis und den Kaufvertrag. Er schlägt uns den Preis von 300.000 Cedies vor. Das ist weniger als 1.000 DM beim jetzigen Wechselkurs von 360:1. Dieses Geld soll aber nicht, wie sonst üblich, zum König fließen, sondern unter den Familien Saakroms verteilt werden. Das ist für jede Familie eine hübsche Summe. Es soll am Sonntag in einer Woche geschehen. „Alle Kinder Saakroms sollen Zeuge dieses Kaufvertrages sein. Damit es für alle Zeiten klar ist, wem dieses Land gehört." So sagte er und brachte ein Trankopfer für Mutter Erde auf dem neuen Land dar.

Es ist schön zu sehen, wie das Unternehmen Crudof sich immer tiefer in der hiesigen Bevölkerung einwurzelt, wie es ihre eigene Sache wird. So sollte Entwicklungshilfe öfter aussehen. Dann könnte mit weniger Geld mehr erreicht werden.

Nachmittags kam der Medizinmann zu einem letzten Gespräch. Ich kann ihm noch einige Fragen stellen, von denen hier einige wiedergegeben werden sollen.

Es ist mir hier die Meinung begegnet, man solle Flüsse und schwangere Frauen nicht fotografieren. Warum das? – „Das ist richtig. Es ist nicht gut. Ein Fluß hat eine besonders funkelnde Aura. Fotografiere ich ihn, nehme ich etwas von seinem Leuchten. Ähnlich bei einer Schwangeren. Sie ist umhüllt von etwas geistig Wunderbarem, dem ich nichts nehmen soll."

Nimmt man denn dem Menschen immer etwas von seiner Kraft, wenn man ihn fotografiert? – „Ja. Es sei denn, er kann sich darauf einstellen. Man sollte niemanden fotografieren, der es nicht weiß."

In den Kirchen begegnet einem oft die Meinung, der wiederkommende Christus wird wie eine Art Weltpräsident kommen und alles in Ordnung bringen. – „Das sind alles fürchterliche Illusionen. Sein Kommen wird geistiger Art sein. Überhaupt muß man über Christus nicht so äußerlich denken. Wenn einer sagt, er sei gegen Christus, dann heißt das, er ist gegen sein eigenstes inneres Wesen."

Wie ist der spirituelle Eindruck der Sahara? – „Wenn die Menschen die rechte Beziehung zur Erde verlieren, verlieren sie auch sich selbst. Und umgekehrt: Wird ein Land zur Wüste, dann ist das die Folge davon, daß seine Bewohner ihre Geistigkeit verloren haben."

Seine Erfahrungen mit Waldgeistern? – „Ich weiß, es gibt auch die schlimmen. Ich hatte aber bislang immer nur Erfahrungen mit guten hilfreichen Geistern. So verirrte ich mich zum Beispiel einmal beim Kräutersammeln im tiefen Wald und wußte nicht mehr, wie ich herausfinden sollte. Da kam es wie ein Wind, wie ein Traum, in dem zu mir gesprochen wurde: Folge den markierten Bäumen! Ich schaute und sah vor mir einen Baum mit einer Markierung. Dann einen nächsten usw. So fand ich den Weg nach Hause zurück. Doch als ich am nächsten Tag den Weg noch einmal gehen wollte, fand ich keine Markierungen mehr."

Donnerstag, 24. September 1992

Seit etwa zwei Wochen sehe ich viele Schwalben und einige Bachstelzen. Schön ist die Vorstellung, daß es vielleicht dieselben Vögel sind, die man im Frühling und Sommer zu Hause gesehen hat. So bildet sich über die Sahara und das Mittelmeer hinweg eine sehr lebendige Brücke.

Gestern abend fragte ich, ob es etwas wie ein Heiligtum der Ashanti gebe. Es gibt eines, und zwar nicht weit von Kumasi. Im Fluß auf einer kleinen Insel steht ein uralter

Baum. Vor der Insel sind im Wasser einige Felsen mit deutlich eingegrabenen menschlichen Fußspuren. Da sei vor Urzeiten der Hohepriester des Volkes gegangen, heißt es.

Er brachte dem, der dann König wurde, einen ganz aus Gold gefertigten Thron. Dieser Thron ist das größte Heiligtum des Volkes und wird streng gehütet. Im vergangenen Jahrhundert gab es dreimal Krieg zwischen den Engländern und dem kriegerischen Ashanti-Volk. Als die Engländer letztendlich siegten, nahmen sie den König gefangen und drohten, ihn zu töten, wenn man ihnen nicht den Thron ausliefere. Die Ashanti schienen sich zu fügen. In Wahrheit aber machten sie einen Thron aus Holz, den sie mit Gold umkleideten. Den brachten sie und bekamen ihren König zurück.

Der Asantehene ist politischer und geistiger Führer zugleich, eine Art Priesterkönig. 1971 starb, 99jährig, der letzte, der das ganz erfüllen konnte. Der nach ihm in der Erbfolge kam, war vorher Rechtsanwalt in England gewesen. Er gilt als Weltmann und genießt keinen Respekt in seinem Volk. Aber er ist sehr reich und sehr mächtig.

Entsprechende Könige gibt es bei den beiden anderen Volksstämmen Ghanas, den Gha und den Ewe. Der Staatschef erhält sein Mandat von diesen drei Königen. Die jetzige Militärregierung unter dem Fliegerleutnant Rawlings ist schon zehn Jahre an der Macht. Im November sollen seit elf Jahren wieder erstmalig freie Wahlen stattfinden. Rawlings will an der Macht bleiben. Um ein richtig anständiger „demokratischer" Präsident zu werden, ist er in diesen Tagen aus dem Militär ausgetreten. Mit großem Propagandaaufwand wird nun seine Wahl betrieben. Das bewegt zur Zeit die Gemüter in Ghana auf das heftigste.

Heute vormittag haben wir zu zwölft auf dem Crudof-Gelände gearbeitet. Das macht allen Freude, in der großen Gemeinschaft zu arbeiten. Es galt, Mais zu ernten, Teak-Bäume zu pflanzen und Unkraut zu jäten. Eigentlich gibt es nur ein Unkraut. Man nennt es Acheampong, nach einem acht Jahre lang regierenden Militärherrscher, der sich sehr unbeliebt gemacht hat. Dieses Kraut kam neu nach Ghana, gerade nach dem Ende der Acheampong-Herrschaft. Es überwuchert das ganze Land. Und das Volk rächt sich nachträglich an seinem Diktator, indem sie ihn tausendfältig mit der Wurzel ausreißen. – Manche warten schon auf das Unkraut, das dann Rawlings heißen wird, nach dem augenblicklichen Herrscher Ghanas.

Freitag, 25. September 1992

Heute früh hieß es Abschied nehmen von diesem gesegneten Ort. Ein besonders schöner sanfter Morgen tauchte alles noch einmal in ein besonderes Leuchten. Es tut gut zu wissen, daß es noch Plätze auf dieser Erde gibt, die heil sind.

Um so krasser wird der Gegensatz, als wir uns Accra nähern. Versteppte Landschaft, alles trocken und staubig. Während in der Mitte Ghanas die Regenzeit in vollem Gange ist, wirkt hier alles wie ausgedörrt. Es ist ein Teufelskreis: ohne Wald kein Regen, ohne Regen kein Wald. Viel hingebungsvolle Arbeit wird nötig sein, um wieder aufzuforsten, die Erde wieder fruchtbar zu machen. Doch gerade hier, wo es am nötigsten wäre, scheint noch am wenigsten Bewußtsein vorhanden zu sein. An vielen Stellen sahen wir Brandrodung, keinen Kompost.

In dieser Zeit wurde mir etwas noch viel deutlicher, was mir schon lange vor Augen steht. Es kommt alles darauf an, daß wieder eine ländliche Kultur entsteht. Überall auf der Welt sind diese riesigen Städte gewuchert, die die Seelen zerreiben. Und von der Landarbeit flüchten noch immer mehr Menschen. Entweder wird sie an gigantische Maschinen abgegeben, oder – wie es in der Dritten Welt meistens ist –, sie ruht auf den Schultern der Frauen und der Alten. Die jungen Männer suchen Jobs in den Städten.

Eine die Menschen anziehende Landkultur kann aber nur entstehen, wenn es wieder spannend wird, an und mit der Erde zu arbeiten. Wenn man neue Ideen ausprobieren kann, wenn eine Entwicklung zum Guten stattfindet.

Das ist bei dem Crudof-Projekt im Herzen Schwarz-Afrikas gegeben. Gerade aus der Verbindung des anthroposophischen Impulses zur Belebung der Erde mit der noch lebendigen Tradition Afrikas wird etwas entstehen, das weithin ausstrahlen kann. Ein Anfang ist gemacht – er wird wachsen.

GEISTIGE KRÄFTE. DIE ZAUBEREI*

Das Bild der Akan-Religion wäre unvollständig, wenn die geistigen Kräfte unerwähnt blieben. Nach dem Akan-Glauben können einige dieser Kräfte von Menschen mit entsprechendem Wissen und den notwendigen Fähigkeiten leicht erworben werden. Eine dieser geistigen Kräfte ist die Zauberei. Diejenigen, die sie beherrschen, können sie für gute oder böse Zwecke verwenden.

Der Glaube an Hexerei findet sich in den meisten Gemeinschaften rund um die Welt, und so sind die Akan keine Ausnahme. In allen Gesellschaften, die an Hexen glauben, werden viele der menschlichen Leiden – Krankheit, Tod, Unfruchtbarkeit bei Männern und Frauen, Mißernten, Armut und andere Arten von Unglück – dieser seltsamen und üblen Macht zugeschrieben, von der man annimmt, daß bestimmte Personen innerhalb der Gemeinschaft über sie verfügen.

Bei den Stämmen der Akan ist Zauberei eine anerkannte Realität. Man hört oft von den Übeln, die durch Zauberei heraufbeschworen werden können; aber Zauberei kann auch zu guten Zwecken eingesetzt werden. Es heißt allgemein bei den in Rede stehenden Stämmen, daß es sowohl gute Hexen („bayi pa") als auch böse Hexen („bayi bone") gibt. Diese geistige Macht ist gut oder böse, je nachdem wie sie gebraucht wird. In jedem Falle ist sie als „wirklich" anerkannt. Die meisten Akan glauben, daß es Hexen und Zauberei gibt.

*Die in diesem Anhang abgedruckten Texte sind entnommen aus: Kofi Edusei: Für uns ist Religion die Erde, auf der wir leben. Ein Afrikaner erzählt von der Kultur der Akan. Stuttgart 1985. © Der Abdruck erfolgt mit freundlicher Genehmigung des Verlages Urachhaus, Stuttgart.

Ihre Kunst ist wirksam genug, um unsagbares Leid und Todesfälle zu verursachen, und zwar nicht nur unter den ungebildeten, die ihre traditionellen Bräuche weiterführen, fast so wie sie von den Vorvätern überliefert wurden, sondern auch unter den gebildeten Männern und Frauen im Staatsdienst: den Kaufleuten, Politikern, Universitätsprofessoren, Studenten, Ärzten, Erzbischöfen, Alhayis (ein Muslim, der Mekka besucht hat, ein Mekkapilger), christlichen Pfarrern und jedermann. Für die meisten aus dem hier aufgezeigten Personenkreis ist Hexerei eine bedrängende und sehr beunruhigende Wirklichkeit; sie ist eine teuflische, seelenversklavende Gegenwart. Hexen werden von den Akan so real genommen wie Mörder, Gefangene, Diebe und andere Übeltäter. Das ist die Basis des starken Glaubens an Hexerei.

Dieser Glaube und seine Wirkungen auf die Menschen in der Gesellschaft kann im Land der Akan als ein Teil des religiösen Erbes betrachtet werden. Hexen und Zauberei werden gewöhnlich mit Frauen in Verbindung gebracht, obgleich man gelegentlich geständige Hexen antrifft, die Kinder sind. Man glaubt, daß die Hexen ihre Macht benutzen, um diejenigen anzugreifen, die sie nicht mögen. In den meisten Fällen sind Frauen, denen man diese Macht zuschreibt, nicht fähig genug, um in einem ausgedehnten Gebiet zu wirken. Ein Hexer hat mehr Macht als sein weibliches Gegenstück. Ein Mann, der Hexenkraft besitzt, wird für furchtbarer („Bembonsam") gehalten als die Hexe.

Man glaubt, daß Hexen während des Schlafes ihren Körper verlassen können, in der Gesellschaft anderer Hexen nächtliche Besuche abstatten und nach getaner Arbeit in ihre Körper zurückkehren. Das Sunsum der Hexe verläßt den Körper, so daß man sie in tiefem Schlaf antreffen kann, während ihr Sunsum meilenweit entfernt ist. Man glaubt auch, daß Hexen während ihrer nächtlichen Besuche sich in Gruppen zusammenfinden und sich gemeinsam am Verzehr von Menschen ergötzen. Nach allgemeinem Glauben wird der „Geist“* des Opfers magisch in das Fleisch des Tieres verwandelt, das gegessen wird. Das Opfer stirbt schließlich, wenn der „Geist“ von den Hexen verschlungen worden ist.

Die Hexenzusammenkünfte sollen bei Nacht auf der Spitze von Bäumen wie Odum (Chlorophora excelsa) stattfinden. Nachdem sie ihre Körper verlassen haben, verwandeln sich die Hexen in Vierbeiner, Insekten oder Vögel und begeben sich an ihren Bestimmungsort. Man nimmt an, daß sie sich unsichtbar machen, indem sie ihren Körper mit einem Gebräu einreiben, so daß sie nackt fliegen können, ohne gesehen zu werden. Von anderen glaubt man, daß sie auf Spinnweben oder Tieren reiten, wie schwarzen Katzen, Kröten, Ratten oder Hunden. Noch andere verwandeln sich in Schnecken, Leoparden oder Antilopen. Außerdem speien Hexen Feuer aus Augen, Nase, Mund, Ohren und Achselhöhlen und können auf ihren Körpern laufen, die Füße himmelwärts gerichtet.

Man glaubt, daß mehrere Wege zur Hexenkunst führen. Wenn die Mutter selber eine Hexe ist, kann sie bei der Geburt auf ihr Kind vererbt werden. Jedoch kann auch eine Frau, die keine Hexe ist, eine Hexe zur Welt bringen. Dies rührt nach allgemein verbreiteter Ansicht unter den Akan daher, daß Hexen sich ihres nächtlichen Schmutzes in Flüssen entledigen, bevor sie nach Hause zurückkehren, und auf diese Weise das Wasser mit Hexenkraft verseuchen. Die erste Frau, die dann in den Fluß watet, um Wasser für den Haushalt zu holen, umgibt so ihr nächstes Kind mit Hexenkraft. Solche Kinder werden jedoch möglicherweise ihrer Hexenfähigkeit nicht inne bis nach der Pubertät, wenn sie in die

*Der „Geist“ ist ein geheimnisvolles nichtstoffliches Gefüge (eine geheimnisvolle nichtstoffliche Ganzheit, eine Wesensform oder ein Wesen, welches das Bewußtsein in sich trägt. Dies ist der Teil des Menschen, der wiederum Intelligenz und Weisheit besitzt. Er ist verschieden von der Seele, die das Okra ist, aber er ist ebenso göttlich. Der Geist verbindet sich mit dem Okra [...], wenn es auf dem Weg vom Kosmos zur Erde ist.

Zunft der Hexen aufgenommen werden, indem sie an ihrem ersten Menschenessen teilnehmen.

Hexenkunst kann auch zu billigem Preis auf dem Markt gekauft werden und liegt so in Reichweite sogar der Allerärmsten. Sie wird von alten Frauen verkauft, die dem Kunden auch die entsprechende Gebrauchsanweisung geben.

Man glaubt auch, daß die Hexenkunst durch Berührung mit bestimmten Gegenständen erworben werden kann, die gewisse, für Zauberkraft durchlässige Stoffe enthalten. Diese Gegenstände können entweder aufgehoben oder geschluckt werden. Eine Hexe kann auch ihre Hexenmacht jemandem schenken, den sie besonders gerne hat, und zwar in Form einer Perle, eines Stoffstückes, eines Eies oder roten Palmöls. Diese Gabe, so glaubt man, gibt die Hexe gewöhnlich kurz vor dem Tod weiter, so daß ihre Macht nicht mit ihr begraben wird, sondern nach ihrem Tode weiterlebt.

Schließlich kann Hexenkunst auch von Teufeln erworben werden. Man glaubt, daß Dämonen zuweilen ihre Macht der Hexerei auf Menschen werfen und diese zwingen, auch gegen ihren Willen, ihren Nachbarn Böses zu tun.

Auf welche Weise auch immer jemand die Zauberkraft erworben hat, besitzt er sie einmal, kann er anderen schaden und unsägliches Leid über seine Mitmenschen bringen. Eine Hexe arbeitet nicht allein, sie tut sich vielmehr mit anderen in einer Zunft oder Gemeinschaft zusammen, um dann die Ungeheuerlichkeiten zu begehen, die Hexen zugeschrieben werden.

Der Glaube, daß Hexen sich von Menschen ernähren, ist weitverbreitet. Jedoch geschieht das Verschlingen nur übersinnlich, da kein sichtbares Zeichen auf dem Körper des Opfers gefunden wird.

Man sagt, daß die Hexen bei ihren Zusammenkünften beschließen, wer ein Opfer zum Verschlingen herbeischafft. Das Opfer muß dann aus dem Haus der Hexe stammen, der befohlen worden ist, es zur Verfügung zu stellen. Eine Hexe kann niemanden opfern, der nicht aus ihrer eigenen Hausgemeinschaft kommt. Ein Aschanti-Sprichwort bestätigt das: „Aboa bi reka wo a na efiri wo ntoma mu“; das bedeutet: „Die Fliege (die Mücke), die dich sticht, kommt aus deinem Kleid.“ Das Opfer bekommt einen Strick um den Hals wie ein Schaf und wird herbeigezerrt, um geschlachtet und dann stückweise an die Hexen verteilt zu werden, wobei deren Stellung oder Rang berücksichtigt wird. Jedoch erhalten alle einen gleichen Anteil am Blut des Opfers, das sie, wie es heißt, besonders schätzen.

Es wird weiterhin angenommen, daß Hexen auch den Verlust materieller Güter verursachen können. Sie können reiche Leute arm machen, indem sie sie dazu bringen, ihr Geld zu verschwenden. Sie können Menschen in Trunkenbolde verwandeln, indem sie symbolisch Behälter in deren Mägen bringen. Sie können jemandes Handfläche durchlöchern und so bewirken, daß er eine große Geldsumme verliert – ohne daß er um das Loch in seiner Hand weiß. Hexen werden auch hinter Unfällen, fallenden Bäumen und Schlangenbissen vermutet. Sie können sich in Tiere verwandeln, um bei Nacht Bauernhöfe zu zerstören. Viele verwundete Tiere sollen bei ihrem Tod weinen wie menschliche Wesen.

Eine andere Art von Unglück, das durch Hexerei erklärt wird, ist Unfruchtbarkeit. Man glaubt, daß Hexen Frauen unfruchtbar machen, indem sie deren Gebärmutter stehlen oder umdrehen. Männer werden impotent, wenn Hexen ihnen ihre Zeugungsorgane wegnehmen. Auch unheilbare Krankheiten schreibt man Hexen zu.

Durch ihr unerwünschtes Treiben stehen die Hexen als böse Menschen abseits, die nichts zum allgemeinen Wohl beitragen. Sie sind untragbar für die Gesellschaft, denn sie sind bösartig, neidisch und gehässig. Jedoch läßt sich durch ihre Existenz viel von dem Unglück erklären, das die Gemeinschaft heimsucht.

Die Anschauung der Hexerei hilft zu erklären, warum gewisse Ereignisse eintreten, die sonst unbegreiflich geblieben wären. So benutzt man die Hexerei, um zu begründen, warum jemand erkrankt, warum er eine Mißernte hat oder weshalb sein Haus einfällt. Wenngleich dieses Unglück der Hexerei angelastet wird, so heißt das nicht, daß andere physische Ursachen dabei übersehen werden. Es kann sehr wohl so gesehen werden, daß jemand krank wurde, weil er schmutziges Wasser trank, oder daß er eine Mißernte hatte aufgrund einer lang anhaltenden Dürre oder daß sein Haus durch einen schweren Regenguß einstürzte. Aber diese Erklärungen lassen die Einmaligkeit des Unglücks unberücksichtigt. Mit anderen Worten: Sie geben keine befriedigende Antwort auf die Frage, warum dieses Unglück gerade diesen bestimmten Menschen heimsuchte und nicht einen anderen. Diese Frage hat die Menschheit seit undenklichen Zeiten beunruhigt, und es wurden verschiedene Erklärungen dafür gefunden, vom Willen Gottes über den Zorn der Vorfahren oder den der Götter bis zum Zufall und zum Schicksal. Es scheint, daß Hexerei eine andere mögliche Erklärung liefert für die Einmaligkeit des Unglücks oder warum jemand so in Beziehung zu einer Reihe von Umständen tritt, daß er Schaden oder sogar Tod erleiden muß.

Hexerei kann also als eine Moraltheorie betrachtet werden. Die Hexe ist ihrem Wesen nach ein böser Mensch – sie ist unsozial, neidisch, gehässig und bösartig. Sie ist deshalb weit von den guten Menschen abgerückt, die rechtschaffen, selbstlos und gütig sind und die nichts mit Hexerei zu tun haben. Der Gedanke der Hexerei zieht daher eine moralische Trennungslinie zwischen guten und bösen Menschen. Diese Unterscheidung beeinflußt das Verhalten der Menschen in der Gemeinschaft, indem es sie anspornt, ihre sozial gebilligten Eigenschaften zu zeigen und ihre antisozialen Neigungen zu unterdrücken. In gewissen Stämmen bezichtigt man zum Beispiel Leute, die im Dunkeln spazierengehen, der Hexerei, und die Furcht vor einem derartigen Verdacht hat das Vorkommen außerehelicher Beziehungen beträchtlich eingeschränkt.

So wird in der Akan-Gesellschaft die Hexerei als eine Realität anerkannt. Sie steht jenseits von Phantasie oder bloßer Einbildung und kann nicht einfach abgetan werden, indem man sie leugnet oder nicht wahrhaben will. Denn die Auffassung der Akan von Zauberei, die auf Studien in den Gemeinschaften gründet, besagt, daß es sich hierbei um den Gebrauch oder die Anwendung einer esoterischen Kraft zu einem bestimmten guten oder bösen Zweck handelt.

MEDIZIN UND RELIGION

In der Akan-Gesellschaft ist die medizinische Praxis eng mit den religiösen Praktiken verbunden, und zwar aus mehreren Gründen. Zunächst durchdringt, wie oben ausgeführt, Religion bei den Akan alle Seiten des Lebens und hilft den Menschen, es in seiner ganzen Vielfalt zu bewältigen. Es ist deshalb natürlich, daß die Gesundheit nicht außerhalb religiöser Überlegungen bleibt, und zwar nicht nur im Hinblick auf Wiederherstellung nach einer Krankheit, sondern auch auf ihre allgemeine Erhaltung. Abgesehen von den rein organischen Krankheitsursachen, die ebenso gesehen werden, gibt es zusätzlich traditionelle Erklärungen. Sie sind überwiegend metaphysischer Art, wie Strafe durch gekränkte Vorfahren, Hexerei oder Zauberei, vorbestimmtes Schicksal oder die Folge asozialen Verhaltens.

Man glaubt allgemein, daß es den Menschen in der Gesellschaft in keiner Hinsicht gutgehen kann, wenn nicht gute Beziehungen zwischen ihnen und ihren Mitmenschen sowie den Mächten, die das Universum regieren, gepflegt werden. Abgebrochene Beziehungen können Krankheit und sogar Tod des einzelnen zur Folge haben. Weitverbreitetes Unglück wie Epidemien und Dürrezeiten können auch gestörten Beziehungen zugeschrieben werden, und nur wenn das gute Einvernehmen wieder hergestellt ist, kann das Leben harmonisch weitergehen. Um Unglück zu verhüten oder abzuwenden, werden sowohl Kräuter und Wurzeln eingenommen als auch rituelle Reinigungen durchgeführt und Opfergaben dargebracht. Bei der Behandlung von Krankheit werden also die organischen wie die spirituellen Ursachen gleichermaßen in Betracht gezogen. Dies gründet wesentlich auf dem Glauben der Akan, daß der Mensch materieller und geistiger Natur ist und somit die gute Gesundheit von der

Aufrechterhaltung des Gleichgewichts zwischen Geist und Materie abhängig ist.

Man betrachtet die Medizin als eine Gabe des Schöpfers. Nur die dafür Begabten können sie mit der Hilfe von Gottheiten ausüben. Alle Kräuterkundigen erkennen Gott als den Heiler an, und während der Sitzungen mit einem Priester in Krankheitszeiten heißt es, daß das Übel geheilt werden kann, wenn Gott es erlaubt: „Se Onyame pe a wo ho beye wo den“ = „Ohne Gottes Hilfe hat der Priester keine Heilkraft.“

Auch die Ahnen werden in die Ausübung der Heilkunst miteinbezogen. Man glaubt, daß sie ihren Verwandten, die ernstlich erkrankt sind, besondere Heilmittel schicken, und es ist nicht ungewöhnlich, daß man auf einer Beerdigung einen Trauernden den Toten bitten hört, er möge ihm ein Heilmittel für sein Leiden schicken, oder er möge die Bitte um Medizin einem anderen Ahnen übermitteln. Auch jene Vorfahren, welche die Heilkunst einst ausübten oder lehrten, werden oft angerufen. Dies geschieht einerseits, um sie zu ehren, zum anderen aber auch, um ihren Segen und ihre Führung auf den Kräuterkundigen oder den Arzt, der die Medizin verabreicht, herabzubeschwören. Man glaubt, daß die Heilmittel durch solche Anrufungen wirksamer werden.

Neben den Gottheiten und Ahnen gibt es andere übernatürliche Wesen, die eng mit der medizinischen Praxis verbunden sind. Man hört oft unter den Akan, daß ein Kräuterkundiger die Heilkunst von den Mmoatia oder den Zwergen erlernte, die ihn zu ihrem Wohnort brachten und ihm dort ein bestimmtes Wissen übermittelten. Die Naturgeister sind eine andere Gruppe übernatürlicher Wesen, deren Beistand von den Heilkundigen gesucht wird. Ein Kräuterkenner vollführt gewöhnlich ein Ritual für den Geist des Baumes, bevor er ein Blatt pflückt oder Rinde für seine Medizin abschabt.

Obgleich die Ausübung der Heilkunst religiöser Natur ist, hat sie auch eine wissenschaftliche Seite. Durch genaue Naturbeobachtung und praktische Erfahrung wurden von den

Heilkundigen umfassende Kenntnisse über Pflanzen und Wurzeln und deren medizinische Wirksamkeit erworben. Einige Heilmittel wurden entdeckt, als man Tiere dabei beobachtete, wie sie sich gegenseitig mit bestimmten Kräutern oder Pflanzen behandelten. Eines der bedeutendsten Heilmittel gegen Schlangenbiß wurde in Ghana von einem Jäger entdeckt, der den Kampf zweier Schlangen beobachtete. Er sah, wie schließlich die stärkere die schwächere überwältigte und dann ein Blatt pflückte und dieses in den Mund der besiegten legte, um sie wieder zu beleben. Der Jäger nahm einige der heilkräftigen Blätter mit nach Hause und begann sie erfolgreich zur Behandlung von Schlangenbissen anzuwenden.

Die Beobachtung trächtiger Ziegen kurz vor dem Wurf ergab, daß sie die Rinde des Atoo-Baumes kauten (Afzelia Kotschyi = Caesalphinaceen, Hülsenfrüchtler). Dadurch fand man heraus, daß diese Rinde die Eigenschaft hatte, das Bluten nach dem Werfen zu stoppen, und so benutzen einige Kräuterkenner diese Medizin, um übermäßiges Bluten nach der Geburt von Kindern zum Stillstand zu bringen.

Von ebensolcher Wichtigkeit ist jedoch die spirituelle Seite der Medizin. Hier werden Rituale vollzogen, die bei der Behandlung mithelfen und die Heilung beschleunigen sollen. Nach Ansicht der Akan muß jede Medizin geweiht werden, bevor sie zu Heilzwecken angewendet wird. Deshalb wird die Zustimmung von Göttern und Vorfahren für notwendig erachtet, bevor eine Medizin zubereitet und während sie angewendet wird. Das ist auch der Grund dafür, daß fremdländische Medizin ohne Anreicherung mit dem traditionellen Heilmittel den Akan als unangebracht erscheint, selbst im Falle schwerer Krankheit. Leute, deren Verwandte in der Klinik liegen, schmuggeln dort häufig Heilmittel für diese ein, die sie von ihren traditionellen Ärzten erhalten haben. Und es ist auch nicht ungewöhnlich, wenn afrikanische, in europäischen Methoden geschulte Ärzte den Verwandten ihrer Klinikpatienten folgendes raten: „Diese Krankheit oder dieses Gebrechen kann besser von einem traditionellen Helfer außerhalb der Klinik behandelt werden. Warum nehmt ihr den Patienten nicht mit nach Hause und versucht es auf die angestammte Art?" Sie sagen das entweder, weil sie ernsthaft an die Wirksamkeit dieses ursprünglichen Weges für gewisse Krankheitsformen glauben, oder weil sie meinen, daß der Patient psychisch besser und leichter auf die „angestammte" Behandlung reagieren und so bei seiner eigenen Wiederherstellung mithelfen könnte. Nirgendwo in der Welt kann der Faktor des Glaubens bei der Anwendung medizinischer Verfahren abgeleugnet werden.

Welche Erklärung somit auch immer der Ursache einer Krankheit gegeben werden kann und welche Behandlung auch immer durchgeführt wird, die wesentlichen, alles umschließenden Umstände sind die Gemeinschaft im Glaubensinhalt und die innere Haltung, die in dem Patienten den Glauben erzeugen und so dem Arzt mit zum Erfolg verhelfen. Entscheidend ist anzuerkennen, daß die traditionelle Medizin nicht eine sonderbare Sammlung von Aberglauben und Irrtümern ist, sondern ein Wissensgebiet, das den ganzen Menschen einbezieht, und zwar sowohl in seinen körperlichen als auch in seinen geistigen Dimensionen.